KB117541

혼자 역할극 영어회화

지은이   라임

펴낸이   라임

ISBN   979-11-90347-03-7

라임   서울특별시 성북구 솔샘로6가길 46-1, 2층

Lime   제 25100-2012-000061 호

        cafe.naver.com/limebooks

        blog.naver.com/studio_lime

        studio_lime@naver.com

        (TEL) 070-8953-0717

        (FAX) 02-6008-0713

혼자
역할극
영어회화

유창한 회화를 위한 또 한 걸음!

한 예능 프로그램에서 배우 분이 할리우드 진출을 꿈꾸며 영어회화를 공부하는 장면을 본 적이 있습니다. 유용한 표현이 포함된 낱개의 문장들을 연기하듯 따라 하며 학습하고 있었어요. 단순 암기가 아니라 감정을 실어 연습하니, 실제로 영어 표현을 쓰는 상황이나 그 느낌을 함께 기억하는 효과가 있겠다는 생각이 들었습니다.

하지만 아쉬웠던 점은 유용한 표현도 좋지만, '패턴'을 익힌다면 단어[구]만 바꿔 넣어도 내 생각을 표현하는 게 더 쉬워질 텐데 하는 부분이었습니다.

또한, 낱개의 문장보다는 A-B 대화로 연습한다면 실전에서 훨씬 더 효과를 볼 수 있을 텐데 하는 점이었습니다.

전혀 준비되지 않은 상태로 갑자기 떠나게 된 미국 유학 시절, 어디를 가든 해야 할 말을 준비해서 나갔던 기억이 납니다. 하지만, 준비한 말을 하고 나면 더 이상 대화를 이어가지 못했어요. 분명 아는 표현이 있는데도 당황해서 입에서는 Yes, No나 단어 하나밖에 나오지 않았던 웃픈(?) 일들이 많았습니다.

낱개 표현을 공부하는 것은 바로 이렇게 네이티브를 만나는데 딱 '내가 할 말만' 준비한 것과 같은 일입니다. 예상치 못한 질문을 받거나 갑작스러운 상황에 직면하게 되면, 준비된 말이 없으니 완전한 문장은커녕 단어만 나열하거나 yes, no로 대답할 수밖에 없는 것이죠.

그래서, 영어를 실전에서 바로 써먹을 수 있으려면 '패턴'과 '대화'로 학습해야 합니다. 즉, '패턴으로 말하고 패턴으로 답하는 A-B 대화'로 연습하는 것이 가장 효과적이며 실용적인 방법입니다. 유창한 회화를 원하신다면, 패턴과 패턴의 대화 세트로 마치 상대방과 대화하듯 혼자 역할극하면서 연습해 보세요.

영어회화 '초보' 시절, 네이티브들 사이에서 수없이 좌절하면서 연습했던 노하우를 담아 '진짜 영어회화가 되는' 길을 이 책에 제시하고자 노력하였습니다. 영어 학습자들의 열정을 응원하며, 꼭 성공의 경험을 하게 되길, 그 길에 도움이 되길 진심으로 희망합니다.

라임

'혼자 역할극' 패턴 문답식 학습

하나의 패턴으로 묻고 답하기 〈Part I〉 001 ~ 040

유용한 패턴으로 이루어진 A-B 대화 세트를 연습하는 것이 회화 실력을 가장 빠르게 향상시킬 수 있는 방법입니다. 무작정 훈련하는 것이 아니라, 먼저 하나의 패턴을 이용하여 완전한 문장으로 문답하는 연습이 필요합니다.

이유는, Yes나 No의 단답형이 아니라 완전한 문장으로 대화하는 경험이 필요하기 때문입니다. 질문에 있는 패턴을 그대로 활용하는 단순한 방법으로 기본 대화가 가능하다는 것을 체득하면, 영어 대화에 자신감이 붙기 시작합니다.

또한 하나의 패턴에 대한 의문문, 긍정문, 부정문까지 모두 연습할 수 있어 문장 구사 능력이 단기간에 향상될 수 있습니다.

이렇게 각각의 패턴을 이용하여 문장으로 대화하는 훈련을 충분히 한 후, 10개의 패턴을 서로 섞어서 말하는 연습을 합니다. (본 책 Part I의 Mix Up 코너)

이를 통해, 하나의 질문에 여러 가지 패턴을 이용해 답하는 훈련이 가능합니다. 마치 실제 대화를 하는 것 같이 혼자 역할극 하면서, 성취도 확인은 물론이고 좀 더 자연스러운 회화가 가능해집니다.

두 개의 패턴으로 말하고 답하기 ⟨Part II⟩ 001 ~ 080

이제 서로 다른 패턴과 패턴으로 이루어진 대화 세트를 훈련합니다. 좀 더 자연스럽고 유창한 영어회화가 가능해지려면, 다양한 패턴으로 이루어진 대화로 훈련하는 것이 필요하기 때문입니다.

서로 다른 두 개의 패턴으로 말하고 답하는 훈련은, 한 번에 두 개의 패턴 학습이 가능함은 물론, 대화 상황과 문맥까지 기억하게 되어 암기가 쉽다는 장점이 있습니다. 또한 회화의 순발력까지 기를 수 있는 학습 방법입니다.

서로 다른 패턴의 대화 세트로 역할극 훈련을 충분히 한 후, 다양한 조합으로 대화를 연습합니다. (본 책 Part II의 Mix Up 코너) 항상 똑같은 대화 상황이 연출되는 것이 아니기 때문에, 각각의 대화 세트에서 이용한 패턴을 다양한 조합의 대화로 익혀 두는 것이 필요하기 때문입니다.

모든 가능한 상황을 연습하지 않더라도, 이런 방법으로 연습하면 대부분의 상황에서 적절히 패턴을 응용하여 활용할 수 있는 '진짜 영어회화' 실력을 쌓을 수 있습니다.

패턴 회화 학습의 효과

완전한 문장(Full Sentence)으로 대화할 수 있어요.

하나의 패턴으로 묻고 답하는 훈련은, 각 패턴의 의문문, 긍정문, 부정문을 모두 구사할 수 있게 해 주어, '완전한 문장으로 대화하는' 능력이 향상됩니다.

예를 들어, Are you done with your paper?(과제 다 했니?)라는 질문에 쓰인 말을 반복하면 Yes.(네.)라는 단답형이 아니라 I'm done with my paper.(내 과제 다 했어.)와 같이 완전한 긍정문으로 대답하는 연습을 할 수 있습니다.

또한 No.(아니오.)라는 대답 대신, I'm not done with it yet.(그거 아직 다 하지 못했어.)라는 부정문으로도 대답하는 연습도 할 수 있습니다.

진짜 실력이 향상돼요.

하나의 패턴으로 문답하는 대화 훈련에 익숙해지면, 배운 패턴을 또 다른 상황에서도 활용할 수 있게 되어 점점 더 자연스러운 대화가 가능해집니다.

예를 들어, 상대가 Why don't we go have some beer?(우리 맥주 마시러 갈까?)로 물었을 때, 전혀 다른 패턴을 활용해서 I'm not done with my paper.(나 과제 안 끝났어.)와 같이 대답할 수 있게 됩니다.

회화의 폭발이 일어나요.

대화로 어느 정도 패턴을 익히게 되면, 다른 사람들(실제 대화, 미드, 영화 등)의 대화를 통해, '저렇게 말하면 이렇게 대답할 수도 있구나!'라는 걸 스스로 발견하게 되면서 스스로 패턴으로 대화 훈련이 가능한 단계가 됩니다.

예를 들어, How are you going to get there?(거기 어떻게 가려고?)에 대한 대답으로 I'm going to get there by bus.(버스 타고 갈 예정이야.)라고 대답하는 대화를 배웠다고 합시다.

그런데 실제 대화에서 I was told to take a bus.(버스를 타라고 들었어.)로 대답하는 걸 듣게 된다면, '아, 저렇게도 대답할 수 있구나!'라는 걸 발견하게 되겠죠. 그럼, 다음에는 스스로 그 패턴을 이용하여 답할 수 있게 되는 것이죠.

I was told to ~(~하라고 들었어)를 다른 대화 상황에서도 쓸 수 있습니다. 예를 들어, Why did you go there?(거기 왜 갔어?)에 I was told to be there.(거기 가라고 들었어.)라고 말할 수 있죠.

유창한 영어회화가 가능해져요.

이렇게 대화 자체를 전제로 연습하고 준비하다 보면, 어느 순간 유창한 대화가 가능해져요. 이미 머릿속에 여러 가지 대화가 준비되어 있기 때문이죠.

수많은 영어회화 공부법, 성공 사례들이 있겠지만, 책으로 하는 "진짜 영어회화에 도움이 되는 방법"은 대화 자체를 패턴으로 혼자 역할극하듯 연습하는 것입니다.

이 책의 구성

1
패턴x패턴 대화 세트
학습할 패턴 두 가지를 소개해요.

2
패턴 설명
패턴에 사용된 단어의 의미,
문법 등 설명을 읽어요.

3
패턴x패턴 대화 훈련 A
패턴과 패턴으로 대화하는 예시를
듣고 따라 말하며 대화를 익혀요.

4
청취 횟수 및 활용도 체크
스스로 학습 관리가 가능해요.

---

029 ROLE PLAY WITH PATTERNS
부탁에 거절 의사 표현하기

I was hoping ＿＿＿＿

I wish I could ＿＿＿＿

패턴1 | **I was hoping ＿＿＿＿** ~이길 바라고 있었어요
hope는 '~이길 바라다, ~이라면 좋겠다고 생각하다'라는 의미에요. I was hoping ~은 '~이길 바라고 있었다, ~이라면 좋겠는데'의 의미로 조심스럽게 부탁하는 표현이에요.

패턴2 | **I wish I could ＿＿＿＿** ~이라면 좋을 텐데요.
I wish I could ~는 '~할 수 있다면 좋을 텐데'라는 뜻으로 실제로는 그럴 수 없어 안타까움을 의미하며, '못해'라는 말을 '할 수 있다면 좋겠다'라고 돌려 말할 때도 써요.

A 패턴과 패턴의 대화를 읽으며 역할극하세요.

1
네가 우리와 함께할 수 있기를 바라고 있었어.
너희들과 함께라면 좋을 텐데.

I was hoping you could join us.
I wish I could join you.

2
당신이 제게 표를 구해 주기를 바라고 있었어요.
내가 당신에게 표를 구해 줄 수 있다면 좋을 텐데요.

I was hoping you could get me a ticket.
I wish I could get you a ticket.

192   1 2 3 4 5   우선도 20 40 60 80 100 %

Review
패턴x패턴 대화 세트 10개마다
복습할 수 있는
Review 코너가 있어요.

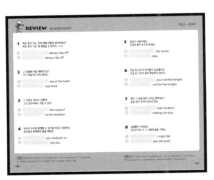

B 패턴을 넣어 대화를 완성하고 역할극하세요. 🎧

1 당신이 저에게 일자리를 줄 수 있기를 바라고 있었어요.
내가 당신에게 일자리를 줄 수 있으면 좋을 텐데요.

😊 _____ you could give me a job.

😐 _____ give you a job.

2 당신이 저에게 먼저 부탁하기를 바라고 있었어요.
내가 당신에게 먼저 요청할 수 있다면 좋을 텐데요.

😊 _____ you would ask me first.

😐 _____ ask you first.

3 네가 잠깐 들를 수 있기를 바라고 있었어.
내가 들를 수 있다면 좋을 텐데.

😊 _____ you could stop by.

😐 _____ stop by.

C 주어진 말을 이용하여 대화를 완성하고 역할극하세요.

give ~ a ride ~을 태워 주다   question 질문   answer 답하다

1 네가 나를 태워 줄 수 있기를 바라고 있었어.
내가 너를 태워 줄 수 있다면 좋을 텐데 말야.

😊 ➡ _____

😐 ➡ _____

2 당신이 제 질문에 답해 줄 수 있기를 바라고 있었어요.
내가 당신 질문에 답할 수 있다면 좋을 텐데요.

😊 ➡ _____

😐 ➡ _____

1 I was hoping you could give me a ride. / I wish I could give you a ride.
2 I was hoping you could answer my question. / I wish I could answer your question.

193

---

5 패턴x패턴 대화 훈련 B

우리말 대화를 읽고, 왼쪽 페이지에서 배운 2개의 패턴을 사용하여 대화를 완성해요. 그리고 대화를 듣고 따라 말해요.

6 패턴x패턴 대화 훈련 C

상자에 주어진 단어들을 배운 패턴에 넣어 문장을 만들고, 대화를 완성해요.

7 정답

C에서 만든 대화를 확인해요.

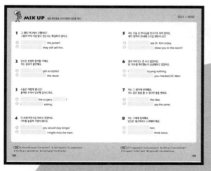

Mix Up

패턴x패턴 대화 세트 10개마다 패턴들을 서로 섞어서 새로운 패턴x패턴 대화 세트를 연습해요.

실제 대화를 하는 것 같은 경험과 더불어 성취도를 파악할 수 있는 중요한 코너예요.

오디오를 활용하세요!

▶ Audio Clip

audioclip.naver.com/channels/4739

네이버 오디오 클립에서 "혼자 역할극"으로 검색하세요. 오디오 클립으로 이 책의 대화 세트들을 듣고, 따라 말하고, 주고받는 대화를 스스로 완성해 보는 등 혼자 역할극하며 효과적인 회화 훈련을 할 수 있어요.

● 오디오 클립 회화 훈련 구성
　① 어떤 패턴인지 생각하며 영어 대화 5개 듣기
　② 영어 대화 5개, 3번씩 반복해서 듣기
　③ 영어 대화 5개, 3번씩 듣고 따라 말하기
　④ 우리말 대화를 듣고, 영어 대화로 말하기

● 총 120회 (패턴x패턴 대화별 1회)

● 회당 훈련 시간: 약 8~10분

▶ MP3 Download

cafe.naver.com/limebooks

라임 카페에서 Audio Clip의 훈련 방법과 동일한 MP3 파일을 다운로드할 수 있어요. 스마트폰 등의 기기에 저장하고 인터넷 환경에 상관없이 회화 훈련을 할 수 있어요.

학습 관리를 할 수 있어요.

▶ 목차 및 학습 관리

하루 권장 학습량 대화 2세트에 대해, 듣고 말하기를 몇 번 훈련했는지, 학습 시간은 얼마인지 등의 학습 관리를 목차 페이지에서 체크해 볼 수 있어요.

▶ 주간 학습 계획

	Mon.	Tue.	Wed.	Thu.	Fri.	Sat.	Sun.
STUDY PLAN							

10개의 대화 세트마다 주 단위로 학습할 요일과 시간을 계획할 수 있는 코너가 있어요. 자유롭게 활용하며 학습 관리를 해 보세요.

목차 & 학습 관리 Part I 같은 패턴으로 묻고 답하기

	Mon.	Tue.	Wed.	Thu.	Fri.	Sat.	Sun.
STUDY PLAN							

PART I 011 ~ 020

▸말하기 훈련 ① ② ③ ④ ⑤ 회 ▸학습 시간 _____분 ▸미션 수행 여부 ☐ ▸학습 성취도 ☹ ☺ 😄

▸말하기 훈련 ① ② ③ ④ ⑤ 회 ▸학습 시간 _____분 ▸미션 수행 여부 ☐ ▸학습 성취도 ☹ ☺ 😄

▸말하기 훈련 ① ② ③ ④ ⑤ 회 ▸학습 시간 _____분 ▸미션 수행 여부 ☐ ▸학습 성취도 ☹ ☺ 😄

▸말하기 훈련 ① ② ③ ④ ⑤ 회 ▸학습 시간 _____분 ▸미션 수행 여부 ☐ ▸학습 성취도 ☹ ☺ 😄

▸말하기 훈련 ① ② ③ ④ ⑤ 회 ▸학습 시간 _____분 ▸미션 수행 여부 ☐ ▸학습 성취도 ☹ ☺ 😄

STUDY PLAN	Mon.	Tue.	Wed.	Thu.	Fri.	Sat.	Sun.

STUDY PLAN	Mon.	Tue.	Wed.	Thu.	Fri.	Sat.	Sun.

PART I 031 ~ 040

STUDY PLAN	Mon.	Tue.	Wed.	Thu.	Fri.	Sat.	Sun.

목차 & 학습 관리 Part II 다른 패턴으로 말하고 답하기

STUDY PLAN	Mon.	Tue.	Wed.	Thu.	Fri.	Sat.	Sun.

PART II 011~020

STUDY PLAN	Mon.	Tue.	Wed.	Thu.	Fri.	Sat.	Sun.

STUDY PLAN	Mon.	Tue.	Wed.	Thu.	Fri.	Sat.	Sun.

STUDY PLAN	Mon.	Tue.	Wed.	Thu.	Fri.	Sat.	Sun.

PART II 041~050

STUDY PLAN	Mon.	Tue.	Wed.	Thu.	Fri.	Sat.	Sun.

STUDY PLAN	Mon.	Tue.	Wed.	Thu.	Fri.	Sat.	Sun.

PART II 061 ~ 070

STUDY PLAN	Mon.	Tue.	Wed.	Thu.	Fri.	Sat.	Sun.

STUDY PLAN	Mon.	Tue.	Wed.	Thu.	Fri.	Sat.	Sun.

독자들의 기대평 이 책에 대한 여러분들의 기대평입니다.

@마지_토**
신기하네요? 마침 패턴 책으로 회화 공부하고 있었는데 이 책을 보니 한 문장 패턴이 아니라, 대화를 공부해야 회화 공부가 되겠구나하는 깨달음이! 생각해 보니, 너무 당연한 걸 놓치고 있었다는.

@궁글***
제가 캐나다 유학 시절에 회화 공부했던 방법과 비슷합니다! 그때는 교재 없이 그냥 했는데, 이런 책과 함께 연습한다면 실생활에 바로 사용 가능한 영어회화 실력이 늘어날 것 같은 기대가 있습니다. :)

@lighto**
초급반을 맡고 있는 어학원 강사입니다. 저는 제가 설명하는 시간보다 학생분들이 질문과 답으로 영어 말하기 연습을 할 수 있도록 pair work 시간을 많이 주는 편입니다. 이를 위해 집에서 스스로 대화를 많이 연습해 오도록 숙제를 내주죠. 패턴으로 대화하는 연습이 많이 필요하다고 느끼던 때 이 책을 보고 저희 학생분들에게 딱이라는 생각을 했습니다.

@zoo_lo***
보통 이디엄이나 문구만 달랑 주고 외우게 하는 경우가 많은데, 혼공하다 보면 대답을 어떻게 해야 할지 아무런 생각이 나지 않을 때가 많아요. 그럼, 실전 회화에서도 말문이 막힐 거라는 의미겠죠? 그런데 이렇게 묶어서 표현으로 함께 하니까 진정한 회화 연습이 되겠구나라는 생각이 들어요. 특히 요즘처럼 사회적 거리를 두고 살아야 하는 시기에 '혼자서 공부할 수 있겠구나'라는 느낌입니다. :)

@minkin****
중급반부터 월반하지 않고 어학원만 1년 넘게 다니고 있습니다. 직접 말하는 시간이 짧아서 아쉽지만 원어민 쌤과 대화할 기회가 있어서 계속 다니네요. 이 책이라면, 원어민과 유연하게 대화할 수 있을 것 같아서 좋았어요. 혼자 연습해서 원어민 쌤에게 말을 걸 수 있도록 연습할 예정입니다.

@sons_an****
유학 준비 중인 학생인데요. 선배 추천으로 전화 영어로 프리토킹하고 있습니다. 프리토킹이 가능하다는 게 아니라, 그러려고 연습하는 거죠. ^^;; 교재로 할 때는 어느 정도 말을 할 수 있을 것 같았는데, 실제 원어민과 프리토킹할 때는 말문이 막혀서 듣기만 하는 시간이 더 많아요. 하지만, 이 책은 치고받는 느낌으로 대화할 수 있게 해 주는 것 같아요. '혼자 역할극'으로 연습하면 프리토킹에 자신감이 생길 것 같아요.

Are you ready to go?

Let's get started!

PART 1

같은 패턴으로 묻고 답하기
001 ~ 040

패턴으로 질문하고,
같은 패턴을 써서 완전한 문장으로 답해요.

Yes, No 또는 단어 하나로 답하는 것은 회화에 도움이 안 돼요.
질문에 쓰인 패턴을 이용하여 완전한 문장을 만들어
대답하는 연습을 해야만 회화 실력이 늘 수 있어요.

질문은 의문문의 어순으로 되어 있고,
대답은 평서문(긍정문, 부정문)이에요.
그래서 질문을 그대로 반복하듯 평서문으로 대답하는 훈련이
의문문과 평서문을 자연스럽게 왔다갔다 말할 수 있는
기초가 됩니다.

Audio Clip

MP3 Down

Am I too _____?

You're a little too _____

패턴 1 **Am I too _____?** 내가 너무 ~한가요?

too는 '너무'라는 의미로, so(매우)와는 달리, 뭔가가 과(도)하다는 느낌이에요. 그래서 Am I too ~?는 '내가 너무 ~한가요?'라고 묻는 표현이에요.

패턴 2 **You're a little too _____** 당신은 조금 너무 ~해요

You're too ~(너무 ~해요)라고 답해도 되지만 약간 완곡하게 a little(약간, 조금)을 넣어 말해요. 반대로 답할 때는 You're not that ~(그렇게 ~하지는 않아요)을 사용해요.

A 패턴과 패턴의 대화를 읽으며 역할극하세요. 🎧

1
내가 너무 이른가요?
당신은 조금 너무 일러요.

Am I too early?
You're a little too early.

2
내가 너무 빠른가요?
당신은 조금 너무 빨라요.

Am I too fast?
You're a little too fast.

B 패턴을 넣어 대화를 완성하고 역할극하세요. ⑥

1 내가 너무 시끄러운가요?
당신은 조금 너무 시끄러워요.

⑥   loud?

😐   loud.

2 내가 너무 늦었나요?
당신은 조금 너무 늦었어요.

⑥   late?

😐   late.

3 내가 너무 이기적인가?
너는 조금 너무 이기적이야.

⑥   selfish?

😐   selfish.

C 주어진 말을 이용하여 대화를 완성하고 역할극하세요.

> heavy 무거운   curious 궁금한, 호기심이 많은

1 내가 너무 무겁나요?
당신은 좀 너무 무거워요.

⑥ ➡

😐 ➡

2 내가 너무 호기심이 많은가?
너는 좀 너무 호기심이 많아.

⑥ ➡

😐 ➡

1 Am I too heavy? / You're a little too heavy.
2 Am I too curious? / You're a little too curious.

Am I supposed to _____?

You're not supposed to _____

패턴1 Am I supposed to _____? 내가 ~하기로 되어 있나요?
Am I supposed to ~?는 '제가 ~하기로 되어 있나요?, 제가 ~해야 하나요?'라는 패턴이에요. be supposed는 주어가 '~할 것으로 추정되다, ~하기로 되어 있다'예요.

패턴2 You're not supposed to _____ 당신은 ~하기로 되어 있지 않아요
You're not supposed to ~는 '너는 ~하기로 되어 있지 않다, ~하지 않아도 된다'라는 말이에요. be동사 뒤의 not을 빼면 '너는 ~하기로 되어 있다'라는 긍정의 의미가 돼요.

A 패턴과 패턴의 대화를 읽으며 역할극하세요. 🎧

1
내가 오늘 당신을 보기로 되어 있나요?
당신은 오늘 나를 보기로 되어 있지 않아요.

Am I supposed to see you today?
You're not supposed to see me today.

2
내가 이것을 너에게 주기로 되어 있니?
너는 그것을 나에게 주기로 되어 있지 않아.

Am I supposed to give this to you?
You're not supposed to give it to me.

🎧 1 2 3 4 5 수련도 20 40 60 80 100 %

B 패턴을 넣어 대화를 완성하고 역할극하세요. ⑥

1
내가 오늘 선물을 가져오기로 되어 있나요?
당신은 선물을 가져오기로 되어 있지 않아요.

ⓐ _____ bring a gift?

ⓑ _____ bring a gift.

2
내가 여기서 기다리기로 되어 있나?
너는 여기서 기다리기로 되어 있지 않아.

ⓐ _____ wait here?

ⓑ _____ wait here.

3
내가 당신의 파트너가 되기로 되어 있나요?
당신은 나의 파트너가 되기로 되어 있지 않아요.

ⓐ _____ be your partner?

ⓑ _____ be my partner.

C 주어진 말을 이용하여 대화를 완성하고 역할극하세요.

clean the room 방을 치우다   go there 거기 가다

1
내가 방을 치우기로 되어 있나요?
당신은 방을 치우기로 되어 있지 않아요.

ⓐ ➡

ⓑ ➡

2
내가 거기 가기로 되어 있나요?
너는 거기 가기로 되어 있지 않아.

ⓐ ➡

ⓑ ➡

1 Am I supposed to clean the room? / You're not supposed to clean the room.
2 Am I supposed to go there? / You're not supposed to go there.

Are you afraid of _____?

I'm a little afraid of _____

패턴1 **Are you afraid of _____?** ~이 두렵나요?

afraid는 '두려운, 걱정되는'이라는 말로, Are you afraid of ~?는 '~이 두렵나요?'라는 질문이에요. 전치사 of는 '~의' 이외에도 '~에 대해'라는 의미가 있어요.

패턴2 **I'm a little afraid of _____** ~이 조금 두려워요

질문처럼 I'm afraid of ~라고 해도 좋지만, a little(약간, 조금)을 넣어 좀 더 자연스럽게 말할 수 있어요. be동사 뒤에 not을 넣어 부정의 의미로도 말할 수 있어요.

A 패턴과 패턴의 대화를 읽으며 역할극하세요. 🔊

1
당신은 혼자 있는 게 두렵나요?
나는 혼자 있는 게 조금은 두려워요.

Are you afraid of being alone?
I'm a little afraid of being alone.

2
너는 거미가 무섭니?
나는 거미가 조금은 무서워.

Are you afraid of spiders?
I'm a little afraid of spiders.

🔊 | 1 | 2 | 3 | 4 | 5 | 숙련도 | 20 | 40 | 60 | 80 | 100 | %

B 패턴을 넣어 대화를 완성하고 역할극하세요. ⑧

1 당신은 그들을 만나는 게 두렵나요?
나는 그들을 만나는 게 약간 두려워요.

😊 _____ meeting them?

☹ _____ meeting them.

2 너는 거기 가는 게 두렵니?
나는 거기에 가는 게 조금 두려워.

😊 _____ going there?

☹ _____ going there.

3 너는 개가 무섭니?
나는 개가 조금 무서워.

😊 _____ dogs?

☹ _____ dogs.

C 주어진 말을 이용하여 대화를 완성하고 역할극하세요.

express 표현하다	your[my] feelings 너의[나의] 감정	failure 실패

1 네 감정을 표현하기가 두렵니?
나는 내 감정을 표현하는 게 조금 두려워.

😊 ➡ _____

☹ ➡ _____

2 당신은 실패가 두려운가요?
나는 실패가 조금 두려워.

😊 ➡ _____

☹ ➡ _____

1 Are you afraid of expressing your feelings? / I'm a little afraid of expressing my feelings.
2 Are you afraid of failure? / I'm a little afraid of failure.

35

004 다 했는지 묻고 답하기

Are you done with _____?

I'm not done with _____ yet

패턴 1 **Are you done with _____?** ~을 다 했나요?

done은 '다 끝난'이라는 말이에요. 전치사 with는 '~와 함께'가 아닌 '~에 대해'라는 의미로 Are you done with ~?는 '~에 대해 끝난 상태니?, ~을 다 했니?'라는 질문이에요.

패턴 2 **I'm not done with _____ yet** 아직 ~을 다 하지 못했어요

'무언가를 다 했다'는 말은 I'm done with ~를 사용해서 말하고, '아직 다 하지 못했다'는 말은 I'm not done with ~ yet으로 표현할 수 있어요.

A 패턴과 패턴의 대화를 읽으며 역할극하세요. 🎧

1
과제물을 다 했나요?
과제물을 아직 다 하지 못했어요.

Are you done with your paper?
I'm not done with my paper **yet**.

2
그 책 다 끝났니? (다 읽었니?)
그 책 아직 다 끝내지 않았어.

Are you done with the book?
I'm not done with the book **yet**.

---

36   🎧 | 1 | 2 | 3 | 4 | 5 | 숙련도 | 20 | 40 | 60 | 80 | 100 | %

B 패턴을 넣어 대화를 완성하고 역할극하세요. 🔈

1
전화기를 다 쓰셨나요?
전화기를 아직 다 쓰지 않았어.

🙂 _____ the phone?

😐 _____ the phone _____ .

2
네 숙제를 끝냈니?
나는 내 숙제를 아직 끝내지 못했어.

🙂 _____ your homework?

😐 _____ my homework _____ .

3
그와는 끝냈니?
나는 그와 아직 끝내지 못했어.

🙂 _____ him?

😐 _____ him _____ .

C 주어진 말을 이용하여 대화를 완성하고 역할극하세요.

---
the newspaper 신문   your[my] classes 너의[나의] 수업들

1
신문을 다 보셨나요?
신문을 아직 다 보지 못했어요.

🙂 ➡ _____

😐 ➡ _____

2
너의 수업들은 다 끝났니?
내 수업들이 아직 다 끝나지 않았어.

🙂 ➡ _____

😐 ➡ _____

1 Are you done with the newspaper? / I'm not done with the newspaper yet.
2 Are you done with your classes? / I'm not done with my classes yet.

Are you familiar with _____?

I'm not familiar with _____

패턴 1 Are you familiar with _____? ~에 대해 익숙한가요?
familiar는 '익숙한, 친숙한'이라는 뜻이에요. Are you familiar with ~?는 '~에 (대해) 익숙[친숙]한가요?'라고 묻는 패턴이고, 여기서 with는 '~에 대해'라는 의미예요.

패턴 2 I'm not familiar with _____ 나는 ~에 대해 익숙하지 않아요
I'm familiar with ~로 내가 익숙한 무언가를 말할 수 있어요. 부정의 대답은 I'm not familiar with ~(나는 ~에 익숙하지 않다)를 이용해서 말해요.

A 패턴과 패턴의 대화를 읽으며 역할극하세요. 🎧

1
이 도시에 대해 익숙한가요?
나는 이 도시에 익숙하지 않아요.

Are you familiar with this city?
I'm not familiar with this city.

2
저 앱에 대해 잘 아니?
나는 저 앱에 익숙하지 않아.

Are you familiar with that application?
I'm not familiar with that application.

B 패턴을 넣어 대화를 완성하고 역할극하세요. ⑥

1 그 프로그램에 익숙한가요?
나는 그 프로그램에 익숙하지 않아요.

😀 _____ the program?

😑 _____ the program.

2 이 장치에 대해서 잘 아나요?
나는 이 장치에 대해서 잘 알지 않아요.

😀 _____ this device?

😑 _____ this device.

3 여기 사람들과 잘 아시나요?
나는 여기 사람들을 잘 알지 않아요.

😀 _____ the people here?

😑 _____ the people here.

C 주어진 말을 이용하여 대화를 완성하고 역할극하세요.

| this area 이 지역   Korean history 한국사 |

1 이 지역에 대해 잘 아시나요?
나는 이 지역을 잘 알지 않아요.

😀 ⇒ _____

😑 ⇒ _____

2 한국사에 대해 잘 아시나요?
나는 한국사에 익숙하지 않아요.

😀 ⇒ _____

😑 ⇒ _____

1 Are you familiar with this area? / I'm not familiar with this area.
2 Are you familiar with Korean history? / I'm not familiar with Korean history.

Are you free _____?

I'm not free _____

패턴 1 Are you free _____? (~에) 한가한가요?

free는 '자유로운, 한가한'이라는 말로, 시간이 있는지를 물을 때 Are you free ~?(한가하세요?)라고 질문할 수 있어요. free 뒤에 구체적인 시간, 날짜 등을 넣어서 질문해요.

패턴 2 I'm not free _____ 나는 (~에) 한가하지 않아요

'한가하다, 시간이 있다'는 I'm free ~를 이용해서 답할 수 있어요. 부정의 대답은 I'm not free ~(나는 한가하지 않다, 시간이 없다)로 해요.

A 패턴과 패턴의 대화를 읽으며 역할극하세요. ⑥

1
오늘 밤 한가한가요?
나는 오늘 밤에 한가하지 않아요.

Are you free tonight?
I'm not free tonight.

2
오늘 저녁에 시간 있어?
나는 오늘 저녁에 한가하지 않아.

Are you free this evening?
I'm not free this evening.

⑥ | 1 | 2 | 3 | 4 | 5 | 숙련도 | 20 | 40 | 60 | 80 | 100 | %

패턴을 넣어 대화를 완성하고 역할극하세요. ⑥

1 당신은 토요일에 한가합니까?
나는 토요일에 시간이 없어요.

⑥ _____ on Saturdays?

😞 _____ on Saturdays.

2 너 내일 시간 있니?
나는 내일 한가하지 않아요.

⑥ _____ tomorrow?

😞 _____ tomorrow.

3 너 이번 주말에 시간 돼?
나 이번 주말에 시간이 없어.

⑥ _____ this weekend?

😞 _____ this weekend.

C **주어진 말을 이용하여 대화를 완성하고 역할극하세요.**

now 지금   later this afternoon 오늘 오후 늦게

1 지금 시간 있어?
나는 지금 한가하지 않아.

⑥ ➡

😞 ➡

2 오늘 오후 늦게 시간 되나요?
오늘 오후 늦게 시간이 되지 않아요.

⑥ ➡

😞 ➡

1 Are you free now? / I'm not free now.
2 Are you free later this afternoon? / I'm not free later this afternoon.

007 만족하는지 묻고 답하기

Are you happy with _____?

I'm so happy with _____

패턴 1 **Are you happy with _____?** ~에 만족하나요?

'~에 만족[행복]하니?'라는 표현은 Are you happy with ~?를 이용해서 말할 수 있어요.
여기서 전치사 with는 '~에 (대해)'라는 의미예요.

패턴 2 **I'm so happy with _____** ~에 매우 만족해요

매우 만족할 때는 so(매우, 대단히)를 넣어 I'm so happy with ~로 강조하여 말할 수
있어요. '~에 만족하지 않는다'라는 부정의 대답은 I'm not happy with ~라고 해요.

A 패턴과 패턴의 대화를 읽으며 역할극하세요. 🎧

1
그 결과에 만족하나요?
나는 그 결과에 대해 매우 만족해요.

Are you happy with the result?
I'm so happy with the result.

2
내 대답에 만족해?
나는 네 대답에 매우 만족해.

Are you happy with my answer?
I'm so happy with your answer.

🎧 | 1 | 2 | 3 | 4 | 5 | 숙련도 | 20 | 40 | 60 | 80 | 100 | %

1
당신의 직업에 만족하시나요?
나는 내 직업에 대해 매우 만족해요.

⑥ _____ your job?

☺ _____ my job.

2
그들의 제안에 대해 행복한가요?
그들의 제안에 대해 매우 만족해요.

⑥ _____ their proposal?

☺ _____ their proposal.

3
그의 발표가 만족스러운가요?
그의 발표가 꽤 만족스럽네요.

⑥ _____ his presentation?

☺ _____ his presentation.

C 주어진 말을 이용하여 대화를 완성하고 역할극하세요.

the food 음식   here 여기(의)   new pants 새로운 바지

1
여기 음식이 만족스러운가요?
여기 음식이 매우 만족스러워요.

⑥ ➡

☺ ➡

2
너의 새로운 바지가 맘에 드니?
나는 내 새로운 바지에 매우 만족해.

⑥ ➡

☺ ➡

1 Are you happy with the food here? / I'm so happy with the food here.
2 Are you happy with your new pants? / I'm so happy with my new pants.

패턴 1 **Are you going to _____?** ~할 예정인가요?

be going to는 '~할 예정이다'라는 말이에요. Are you going to ~?를 이용하여 ~할 예정인지 물을 수 있어요. to 뒤에는 동사원형을 써요.

패턴 2 **I'm not going to _____** ~할 예정이 아니에요, ~하지 않을 거예요

긍정 대답인 I'm going to ~(~할 예정이다)에 not을 붙인 I'm not going to는 '~할 예정이 아니다'라는 부정의 대답이에요.

A 패턴과 패턴의 대화를 읽으며 역할극하세요. 🎧

1
오늘 밤 집에 있을 예정인가요?
나는 오늘 밤 집에 있을 예정이 아니에요.

Are you going to stay home tonight?
I'm not going to stay home tonight.

2
그녀와 점심을 먹을 예정이니?
나는 그녀와 점심을 먹지 않을 거예요.

Are you going to have lunch with her?
I'm not going to have lunch with her.

🎧 | 1 | 2 | 3 | 4 | 5 | 숙련도 | 20 | 40 | 60 | 80 | 100 | %

1 그들을 초대할 예정인가요?
나는 그들을 초대할 예정이 아니에요.

😮 [_____] invite them?

😞 [_____] invite them.

2 내일 떠날 예정이니?
나는 내일 떠나지 않을 거야.

😮 [_____] leave tomorrow?

😞 [_____] leave tomorrow.

3 저 양복을 살 예정입니까?
나는 이 양복을 사지 않을 거예요.

😮 [_____] buy that suit?

😞 [_____] buy this suit.

C 주어진 말을 이용하여 대화를 완성하고 역할극하세요.

> the museum 그 박물관   visit 방문하다
> this Friday 이번 금요일(에)   play soccer 축구를 하다

1 그 박물관을 방문할 예정이니?
나는 그 박물관을 방문할 예정이 아니에요.

😮 ⇒ [_____]

😞 ⇒ [_____]

2 이번 금요일에 축구를 할 예정이니?
나는 이번 금요일에 축구를 하지 않을 거야.

😮 ⇒ [_____]

😞 ⇒ [_____]

1 Are you going to visit the museum? / I'm not going to visit the museum.
2 Are you going to play soccer this Friday? / I'm not going to play soccer this Friday.

패턴 1 **Are you having trouble _____ing?** ~하는 데 어려움이 있나요?
Are you having trouble ~?은 직역하면 '어려움을 가지고 있는 중인가요?'로 '어려움이
있나요?'라는 의미예요. 뒤에 -ing를 써서 '~하는 데 어려움이 있나요?'라고 질문해요.

패턴 2 **I'm having trouble _____ing** ~하는 데 어려움이 있어요
'~하는 데 어려움이 있다'라는 표현은 I'm having trouble -ing를 이용해서 말할 수 있
어요. 어려움이 없다면 I'm not having trouble -ing라고 답해요.

A 패턴과 패턴의 대화를 읽으며 역할극하세요. ⑥

1
정답을 찾는 데 어려움이 있나요?
정답을 찾는 데 어려움이 있어요.

Are you having trouble find**ing** the answer?
I'm having trouble find**ing** the answer.

2
이걸 이해하는 데 어려움이 있나요?
이걸 이해하는 데 어려움이 있어요.

Are you having trouble understand**ing** this?
I'm having trouble understand**ing** this.

⑥ 1 2 3 4 5 수련도 20 40 60 80 100 %

B 패턴을 넣어 대화를 완성하고 역할극하세요. 🔊

1
그들을 가르치는 데 어려움이 있나요?
그들을 가르치는 데 어려움이 있어요.

🔊   teaching them?

🙁   teaching them.

2
좌석을 구하는 데 어려움이 있나요?
좌석을 구하는 데 어려움이 있어요.

🔊   getting a seat?

🙁   getting a seat.

3
그걸 기억하기가 어렵나요?
그걸 기억하는 데 어려움이 있어요.

🔊   remembering it?

🙁   remembering it.

C 주어진 말을 이용하여 대화를 완성하고 역할극하세요.

> breathe 숨 쉬다   at night 밤에   sleep 잠자다

1
숨 쉬는 데 어려움이 있나요?
숨 쉬는 데 어려움이 있어요.

🔊 ⇒

🙁 ⇒

2
밤에 잠자기가 어렵나요?
밤에 잠자는 데 어려움이 있어요.

🔊 ⇒

🙁 ⇒

1 Are you having trouble breathing? / I'm having trouble breathing.
2 Are you having trouble sleeping at night? / I'm having trouble sleeping at night.

패턴 1 **Are you here to _____?** ~하려고 여기 왔나요?

Are you here ~?를 직역하면 '당신은 여기에 있습니까?'예요. 그 뒤에 〈to + 동사원형〉
은 '~하기 위해'라는 의미로, Are you here to ~?는 '여기 ~하러 왔나요?'가 돼요.

패턴 2 **I'm not here to _____** ~하려고 여기 온 게 아니에요

'~하기 위해 여기 왔다'는 I'm here to ~를 이용하고, '~하기 위해 여기 온 게 아니다'는
I'm not here to ~를 이용하여 대답해요.

A 패턴과 패턴의 대화를 읽으며 역할극하세요. 🎧

1
신청하려고 여기 오셨나요?
나는 여기 신청을 하려고 온 게 아니에요.

Are you here to apply?
I'm not here to apply.

2
여기 영어를 공부하러 오셨나요?
영어를 공부하러 여기 온 게 아니에요.

Are you here to study English?
I'm not here to study English.

B 패턴을 넣어 대화를 완성하고 역할극하세요. ⑥

1 제니를 데리러 여기 오셨나요?
저는 제니를 데리러 여기 온 게 아니에요.

(😈) [   ] pick up Jenny?

(😔) [   ] pick up Jenny.

2 표를 사러 여기 오셨나요?
저는 표를 사려고 여기 온 게 아니에요.

(😈) [   ] buy a ticket?

(😔) [   ] buy a ticket.

3 수강 신청하러 여기 왔어?
수강 신청하러 여기 온 게 아니야.

(😈) [   ] sign up for the class?

(😔) [   ] sign up for the class.

C 주어진 말을 이용하여 대화를 완성하고 역할극하세요.

see a doctor 의사를 만나다	the sick 아픈 사람들	help 돕다, 도와주다

1 의사를 만나러 여기 왔나요?
나는 여기 의사를 만나러 온 게 아니에요.

(😈) ➡ [   ]

(😔) ➡ [   ]

2 아픈 사람들을 도와주러 여기 왔나요?
저는 아픈 사람들을 도우려고 여기 온 게 아니에요.

(😈) ➡ [   ]

(🙂) ➡ [   ]

1 Are you here to see a doctor? / I'm not here to see a doctor.
2 Are you here to help the sick? / I'm not here to help the sick.

49

1 그 책 다 읽었니? (다 끝났니?)
그 책 아직 다 끝나지 않았어.

Ⓐ _____ the book?

Ⓑ _____ the book yet.

2 그 결과에 만족하나요? (행복한가요?)
나는 그 결과에 매우 만족해요.

Ⓐ _____ the result?

Ⓑ _____ the result.

3 그녀와 점심을 먹을 예정이니?
나는 그녀와 점심을 먹지 않을 거예요.

Ⓐ _____ have lunch with her?

Ⓑ _____ have lunch with her.

4 너는 혼자 있는 게 두렵니?
나는 혼자 있는 게 조금 두려워.

Ⓐ _____ being alone?

Ⓑ _____ being alone.

정답 **1** Are you done with / I'm not done with **2** Are you happy with / I'm so happy with **3** Are you going to / I'm not going to **4** Are you afraid of / I'm a little afraid of

5 신청하려고 여기 오셨나요?
나는 여기 신청을 하려고 온 게 아니에요.

Ⓐ _____ apply?
Ⓑ _____ apply.

6 이 도시를 잘 아나요? (익숙한가요?)
나는 이 도시에 익숙하지 않아요.

Ⓐ _____ with this city?
Ⓑ _____ this city.

7 내가 오늘 당신을 보기로 되어 있나요?
당신은 오늘 나를 보기로 되어 있지 않아요.

Ⓐ _____ see you today?
Ⓑ _____ see me today.

8 정답을 찾는 데 어려움이 있나요?
정답을 찾는 데 어려움이 있어요.

Ⓐ _____ finding the answer?
Ⓑ I'm _____ finding the answer.

정답 **5** Are you here to / I'm not here to　**6** Are you familiar / I'm not familiar with
7 Am I supposed to / You're not supposed to　**8** Are you having trouble / having trouble

51

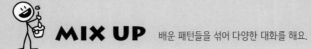

MIX UP
배운 패턴들을 섞어 다양한 대화를 해요.

1 그 정보에 만족하세요? (행복하세요?)
그것을 이해하는 데 어려움이 있어요.

Ⓐ   the information?
Ⓑ   understanding it.

2 저는 이번 토요일에 제 할아버지를 방문하기로 되어 있지 않아요.
그럼, 당신은 이번 주말 한가하시나요?

Ⓐ   visit my grandpa this Saturday.
Ⓑ Then,   this weekend?

3 당신은 IT 장비들에 익숙한가요?
저는 그런 장비들이 약간 두려워요.

Ⓐ   IT devices?
Ⓑ   those devices.

4 저는 파티를 열지 않을 예정이에요.
취소하기에는 당신이 약간 너무 늦었어요.

Ⓐ   throw a party.
Ⓑ   late to cancel.

정답 **1** Are you happy with / I'm having trouble **2** I'm not supposed to / are you free
3 Are you familiar with / I'm a little afraid of **4** I'm not going to / You're a little too

52

5 파일들을 여는 데 곤란을 겪고 있어.
내 도움을 받으러 여기 온 거야?

Ⓐ   opening my files.

Ⓑ   get my help?

6 그 과제물 끝났어?
아니. 오늘 제출하지 않을 예정이야. (hand in 제출하다)

Ⓐ   the paper?

Ⓑ No.   hand in today.

7 당신의 그림에 대해 만족하세요? (행복하세요?)
저는 그것이 아직 안 끝났어요.

Ⓐ   your painting?

Ⓑ   that yet.

8 넌 좀 너무 느려.
그건 제가 이 앱들에 익숙하지 않기 때문이에요.

Ⓐ   slow.

Ⓑ That's because   these apps.

정답) **5** I'm having trouble / Are you here to   **6** Are you done with / I'm not going to
7 Are you happy with / I'm not done with   **8** You're a little too / I'm not familiar with

53

Are you interested in _____?

I'm not interested in _____

패턴 1 Are you interested in _____? ~에 관심이 있나요?

interested는 '관심 있는'이라는 형용사로, 뒤에 전치사 in을 써서 '~에 관심이 있다'라는 의미를 만들어요. Are you interested in ~?은 관심이 있는지 묻는 패턴이에요.

패턴 2 I'm not interested in _____ ~에 관심이 없어요

I'm interested in ~을 이용하여 무엇에 관심이 있는지를 말할 수 있어요. 부정의 대답은 be동사 뒤에 not을 붙여 I'm not interested in ~(~에 관심이 없다)으로 해요.

A 패턴과 패턴의 대화를 읽으며 역할극하세요. ⑧

1
당신은 스포츠에 관심이 있나요?
저는 스포츠에 관심이 없어요.

Are you interested in sports?
I'm not interested in sports.

2
언론에 관심이 있나요?
나는 언론에 관심이 없어.

Are you interested in journalism?
I'm not interested in journalism.

⑧ | 1 | 2 | 3 | 4 | 5 | 숙련도 | 20 | 40 | 60 | 80 | 100 | %

1 너는 패션에 관심이 있니?
나는 패션에 관심이 없어.

🔊 _____ fashion?

😐 _____ fashion.

2 너는 K-pop에 관심이 있니?
나는 K-pop에 관심이 없어.

🔊 _____ K-pop?

😐 _____ K-pop.

3 당신은 자전거 타기에 관심이 있나요?
저는 자전거 타기에 관심이 없어요.

🔊 _____ cycling?

😐 _____ cycling.

C 주어진 말을 이용하여 대화를 완성하고 역할극하세요.

the stock market 주식 시장   work with us[you] 우리[당신들]와 함께 일하다

1 주식 시장에 관심이 있나요?
나는 주식 시장에 관심이 없어요.

🔊 ⇒

😐 ⇒

2 우리와 함께 일하는 데에 관심이 있나요?
당신들과 함께 일하는 데 관심이 없습니다.

🔊 ⇒

😐 ⇒

1 Are you interested in the stock market? / I'm not interested in the stock market.
2 Are you interested in working with us? / I'm not interested in working with you.

55

O12 찾고 있는지 묻고 답하기

Are you looking for _____?

I'm looking for _____

(패턴 1) **Are you looking for _____?** ~을 찾고 있나요?

look for는 '~을 찾다'라는 말이에요. ~을 찾고 있는지 물을 때는 Are you looking for ~?를 사용해요.

(패턴 2) **I'm looking for _____** ~을 찾고 있어요

I'm looking for ~는 '나는 ~을 찾고 있다[찾는 중이다]'라는 말이에요. 찾고 있지 않을 때는 I'm not looking for ~(나는 ~을 찾고 있지 않다)를 써요.

A 패턴과 패턴의 대화를 읽으며 역할극하세요. 🎧

1
당신의 카드를 찾고 있나요?
나는 내 카드를 찾고 있어요.

Are you looking for your card?
I'm looking for my card.

2
다른 직장을 찾고 있나요?
저는 다른 직장을 찾고 있어요.

Are you looking for another job?
I'm looking for another job.

🎧 | 1 | 2 | 3 | 4 | 5 | 숙련도 | 20 | 40 | 60 | 80 | 100 | %

1
네 열쇠를 찾고 있니?
나는 내 열쇠를 찾고 있어.

⑥ _____ your key?

☺ _____ my key.

2
당신의 아들을 찾고 있습니까?
저는 아들을 찾고 있어요.

⑥ _____ your son?

☺ _____ my son.

3
너의 전화기를 찾고 있니?
나는 전화기를 찾고 있어.

⑥ _____ your phone?

☺ _____ my phone.

C 주어진 말을 이용하여 대화를 완성하고 역할극하세요.

a new opportunity 새로운 기회   something in particular 특별한 무언가

1
새로운 기회를 찾고 있나요?
나는 새로운 기회를 찾고 있어요.

⑥ ➡

☺ ➡

2
특별한 무언가를 찾고 있나요?
저는 특별한 무언가를 찾고 있어요.

⑥ ➡

☺ ➡

1 Are you looking for a new opportunity? / I'm looking for a new opportunity.
2 Are you looking for something in particular? / I'm looking for something in particular.

(패턴1) **Are you planning to _____?** ~할 계획인가요?

plan은 명사로는 '계획', 동사로는 '계획하다'라는 의미예요. ~할 계획인지 묻고 싶을 때에는 Are you planning to ~?를 이용하여 말해요. to 뒤에는 동사원형을 써요.

(패턴2) **I'm planning to _____** ~할 계획이에요

I'm planning to ~를 이용하여 자신의 계획에 대해 말할 수 있어요. 부정의 대답은 I'm not planning to ~(~할 계획이 없다)로 해요.

A 패턴과 패턴의 대화를 읽으며 역할극하세요. 🎧

1
곧 결혼할 계획인가요?
저는 올해 5월에 결혼할 계획이에요.

Are you planning to marry soon?
I'm planning to marry this May.

2
한국에 오실 계획인가요?
나는 거기에 갈 계획이에요.

Are you planning to come to Korea?
I'm planning to go there.

🎧 | 1 | 2 | 3 | 4 | 5 | 숙련도 | 20 | 40 | 60 | 80 | 100 | %

B 패턴을 넣어 대화를 완성하고 역할극하세요. ⑥

1 음식을 좀 가져올 계획인가요?
나는 음식을 좀 가져올 계획이에요.

😎 _____ bring any food?

😊 _____ bring some food.

2 파티를 열 계획이니?
나는 내일 파티를 열 계획이에요.

😎 _____ throw a party?

😊 _____ throw a party tomorrow.

3 외국에서 공부할 계획인가요?
저는 내년에 외국에서 공부할 계획입니다.

😎 _____ study abroad?

😊 _____ study abroad next year.

C 주어진 말을 이용하여 대화를 완성하고 역할극하세요.

> the event 그 행사   attend 참석하다
> take guitar lessons 기타 레슨을 받다

1 그 행사에 참석할 계획인가요?
나는 그 행사에 참석할 계획이에요.

😎 ➡ _____

😊 ➡ _____

2 기타 레슨을 받을 계획이야?
나는 기타 수업을 받을 계획이야.

😎 ➡ _____

😊 ➡ _____

1 Are you planning to attend the event? / I'm planning to attend the event.
2 Are you planning to take guitar lessons? / I'm planning to take guitar lessons.

Are you ready to _____?

I'm pretty much ready to _____

패턴1 Are you ready to _____? ~할 준비가 되었나요?

ready는 '준비된'이라는 뜻이며, Are you ready to는 '~할 준비가 되었나요?'라고 묻는 표현이에요. to 뒤에는 동사원형을 써요.

패턴2 I'm pretty much ready to _____ ~할 준비가 거의 다 되었어요

I'm ready to ~라고 답해도 좋지만, ready 앞에 pretty much(매우 많이)를 넣어 '매우 많이 준비된, 거의 준비된'이라고 말해요. 부정의 대답은 I'm not ready to ~예요.

A 패턴과 패턴의 대화를 읽으며 역할극하세요. 🎧

1
갈 준비가 되었나요?
저는 갈 준비가 거의 다 되었어요.

Are you ready to go?
I'm pretty much ready to go.

2
뭐 좀 먹으러 갈 준비가 되었니? (grab 잡다   a bite 한입, 요기)
나는 뭐 좀 먹으러 갈 준비가 거의 다 되었어.

Are you ready to go grab a bite?
I'm pretty much ready to go grab a bite.

🎧 1 2 3 4 5 숙련도 20 40 60 80 100 %

B 패턴을 넣어 대화를 완성하고 역할극하세요. ⑥

1
손님, 주문하실 준비가 되셨나요?
저는 주문할 준비가 거의 다 되었어요.

😯   order, ma'am?

😊   order.

2
연설할 준비가 되었나요?
나는 연설할 준비가 거의 다 되었어요.

😯   give a speech?

😊   give a speech.

3
시작할 준비가 되었나요?
나는 시작할 준비가 거의 다 되었어.

😯   start?

😊   start.

C 주어진 말을 이용하여 대화를 완성하고 역할극하세요.

retire 은퇴하다	Christmas 성탄절, 크리스마스	celebrate 축하하다

1
은퇴할 준비가 되셨나요?
나는 은퇴할 준비가 거의 다 되었다네.

😯 →

😊 →

2
크리스마스를 축하할 준비가 되셨나요?
나는 크리스마스를 축하할 준비가 거의 다 되었어요.

😯 →

😊 →

1 Are you ready to retire? / I'm pretty much ready to retire.
2 Are you ready to celebrate Christmas? / I'm pretty much ready to celebrate Christmas.

015 ROLE PLAY WITH PATTERNS
아직 ~인지 묻고 답하기

패턴1 Are you still _____? 아직도 ~인가요?

still은 '아직, 아직도'라는 의미로, Are you still ~?은 '아직도 ~이니?'라는 표현이에요.
뒤에 전치사구가 오면 '아직 ~에 있니?', 형용사가 오면 '아직 ~이니?'라는 의미가 돼요.

패턴2 I'm still _____ 나는 아직 ~이에요[~인 상태예요]

I'm still ~은 '나는 아직 ~인 상태이다'라는 표현이에요. 부정의 대답은 be동사 뒤에
not 대신 no longer를 넣어 I'm no longer ~(더 이상 ~이 아니다)로 할 수 있어요.

A 패턴과 패턴의 대화를 읽으며 역할극하세요. 🔊

1
너 아직도 침대에 있어?
저는 아직 침대에 있어요.

Are you still in bed?
I'm still in bed.

2
당신은 아직 혼자인가요?
저는 아직 혼자예요.

Are you still single?
I'm still single.

B 패턴을 넣어 대화를 완성하고 역할극하세요. 🎧

1 너 아직도 그에게 화가 나 있는 거야?
나는 아직 그에게 화가 나 있어요.

😮   angry at him?

😌   angry at him.

2 아직도 직장에 있는 거예요?
저는 아직 직장에 있어요.

😮   at work?

😌   at work.

3 너 아직 런던에 있어?
난 아직 런던에 있어.

😮   in London?

😌   in London.

C 주어진 말을 이용하여 대화를 완성하고 역할극하세요.

---

awake 깨어 있는   him 그(남자)   be in touch with ~와 연락하다

---

1 너 아직도 깨어 있니?
나는 아직 깨어 있어.

😮 ➡

😌 ➡

2 당신은 아직도 그와 연락하고 있나요?
나는 아직 그와 연락하고 있어요.

😮 ➡

😌 ➡

---

1 Are you still awake? / I'm still awake.
2 Are you still in touch with him? / I'm still in touch with him.

> Are you sure _____?

> I'm not quite sure _____

패턴1 Are you sure _____? ~이라는 것이 확실한가요?

sure는 '확신하는, 확실히 아는'이라는 말로, Are you sure (that) ~?는 '~이라는 것이 확실하니?'라는 질문이에요. sure 뒤의 that은 생략 가능하며, 그 뒤에는 문장이 와요.

패턴2 I'm not quite sure _____ ~이라는 게 그렇게 확실하지는 않아요

I'm sure ~는 '~이 확실하다'라는 뜻이고, 부정 대답은 not을 넣어 I'm not sure(~이 확실하지 않다)로 해요. quite(꽤, 상당히)를 넣으면 그렇게 확실하지는 않다는 의미예요.

A 패턴과 패턴의 대화를 읽으며 역할극하세요. 🎧

1
그게 사라였다는 게 확실한가요?
그게 사라였는지는 그렇게 확실하지 않아요.

Are you sure it was Sara?
I'm not quite sure it was Sara.

2
네가 그 문을 잠근 게 확실해?
내가 그 문을 잠갔는지는 그렇게 확실하지 않아요.

Are you sure you locked the door?
I'm not quite sure I locked the door.

🎧 | 1 | 2 | 3 | 4 | 5 | 수련도 | 20 | 40 | 60 | 80 | 100 | %

B 패턴을 넣어 대화를 완성하고 역할극하세요. ⑥

1
그가 아직도 파리에 있다는 게 확실한가요?
그가 아직 파리에 있는지는 그렇게 확실하지 않아요.

😃   he is still in Paris?

😑   he is still in Paris.

2
그녀가 그 가게에 갔다는 것이 확실해?
그녀가 그 가게에 갔는지는 그렇게 확실하지 않아.

😃   she went into the store?

😑   she went into the store.

3
그게 수진이가 아니었다는 것이 확실합니까?
그게 수진이가 아니었는지는 그렇게 확실하지 않아요.

😃   it wasn't Sujin?

😑   it wasn't Sujin.

C 주어진 말을 이용하여 대화를 완성하고 역할극하세요.

told the truth 진실을 말했다   the quickest way 가장 빠른 방법

1
그녀가 진실을 말했다는 게 확실한가요?
그녀가 진실을 말했는지는 그렇게 확실하지 않아요.

😃 ⇒

😑 ⇒

2
이게 가장 빠른 방법이라는 게 확실해?
이게 가장 빠른 방법이라는 건 그렇게 확실하지 않아.

😃 ⇒

😑 ⇒

1 Are you sure she told the truth? / I'm not quite sure she told the truth.
2 Are you sure this is the quickest way? / I'm not quite sure this is the quickest way.

ROLE PLAY WITH PATTERNS
이야기의 주제 묻고 답하기

Are you talking about _____?

I'm not talking about _____

패턴1 **Are you talking about _____?** ~에 대해 이야기하는 거예요?

'~에 대해 이야기하는 거예요?'라고 물을 때는 talk about(~에 대해 이야기하다)을 이용하여 Are you talking about ~?이라는 표현을 써요.

패턴2 **I'm not talking about _____** ~에 대해 이야기하고 있는 게 아니에요

~에 대해 이야기하는지는 I'm talking about ~을 이용하여 말할 수 있어요. 부정문은 I'm not talking about ~(~에 대해 이야기하고 있는 게 아니다)으로 말해요.

A 패턴과 패턴의 대화를 읽으며 역할극하세요. ⑥

1
그의 새로운 노래에 대해 이야기하는 거예요?
그의 새로운 노래에 대해 이야기하고 있는 게 아니에요.

Are you talking about his new song?
I'm not talking about his new song.

2
그의 여자 친구에 대해 얘기하고 있는 거야?
그의 여자 친구에 대해 얘기하고 있는 게 아니야.

Are you talking about his girlfriend?
I'm not talking about his girlfriend.

⑥ 1 2 3 4 5 수련도 20 40 60 80 100 %

B 패턴을 넣어 대화를 완성하고 역할극하세요. ⑥

1
너는 그 여행에 대해 이야기하고 있는 거야?
나는 그 여행에 대해 이야기하고 있는 게 아니야.

😲 _____ the trip?

😕 _____ the trip.

2
그 새로운 영화에 대해 말하고 있는 건가요?
나는 그 새로운 영화에 대해 말하고 있는 게 아니에요.

😲 _____ the new movie?

😕 _____ the new movie.

3
나에 대해 말하고 있는 거야?
너에 대해 이야기하는 게 아니야.

😲 _____ me?

😕 _____ you.

C 주어진 말을 이용하여 대화를 완성하고 역할극하세요.

the side effects 부작용   the new employee 그 신입 사원

1
부작용에 대해 얘기하고 있는 거야?
부작용에 대해 이야기하고 있는 게 아니에요.

😲 ➡

😕 ➡

2
그 신입 사원에 대해 얘기하고 있는 거야?
나는 그 신입 사원에 대해 말하고 있는 게 아니야.

😲 ➡

😕 ➡

1 Are you talking about the side effects? / I'm not talking about the side effects.
2 Are you talking about the new employee? / I'm not talking about the new employee.   67

Are you trying to _____?

I'm not trying to _____

(패턴1) **Are you trying to _____?** ~하려는 거예요?

try to는 '~하려고 노력하다'라는 의미로 Are you trying to ~?는 '~하려는 건가요?'라고 묻는 표현이에요. 이때 to 뒤에는 동사원형을 써요.

(패턴2) **I'm not trying to _____** ~하려는 게 아니에요

I'm trying to ~는 '나는 ~하기 위해 노력하고 있다', 즉 '~하려는 것이다'라는 표현이에요. 부정의 대답은 I'm not trying to ~(~하려는 것이 아니다)라고 말해요.

A 패턴과 패턴의 대화를 읽으며 역할극하세요. ⑧

1 나를 설득하려는 거예요?
당신을 설득하려는 게 아니에요.

Are you trying to persuade me?
I'm not trying to persuade you.

2 나한테 아첨하려는 건가요?
너한테 아첨하려는 건 아니야.

Are you trying to flatter me?
I'm not trying to flatter you.

1 그 병을 열려는 거예요?
그 병을 열려는 게 아니야.

⑥   open the bottle?

☺   open the bottle.

2 우리를 속이려는 거예요?
너희를 속이려는 게 아니야.

⑥   deceive us?

☺   deceive you.

3 나를 감동시키려는 거예요?
당신을 감동시키려고 노력하는 건 아니에요.

⑥   impress me?

☺   impress you.

C 주어진 말을 이용하여 대화를 완성하고 역할극하세요.

| lose weight 몸무게를 줄이다   make a copy of ~을 복사하다   ID 신분증 |

1 몸무게를 줄이려는 거야?
몸무게를 줄이려고 노력하는 건 아니야.

⑥ ➡

☺ ➡

2 당신의 신분증을 복사하려는 거예요?
제 신분증을 복사하려는 게 아니에요.

⑥ ➡

☺ ➡

---

1 Are you trying to lose weight? / I'm not trying to lose weight.
2 Are you trying to make a copy of your ID? / I'm not trying to make a copy of my ID.

요청해도 되는지 묻고 답하기

> Can I ask you to _____?

> You can ask me to _____

패턴 1 **Can I ask you to _____?** 내가 당신에게 ~해 달라고 요청해도 될까요?
Can I ask you to ~?는 '내가 너에게 ~해 달라고 요청해도 될까?' 즉, '~해 줄래?'라고
요청하는 표현이에요. to 뒤에는 동사원형을 써요.

패턴 2 **You can ask me to _____** 나에게 ~해 달라고 요청해도 돼요
You can ask me to ~는 '나에게 ~해 달라고 요청해도 된다, 내가 ~해 줄 수 있다'라는
표현이에요. can 대신 can't를 쓰면 '요청하면 안 된다, 해 줄 수 없다'는 말이 돼요.

A 패턴과 패턴의 대화를 읽으며 역할극하세요. 🎧

1
당신께 와 달라고 요청해도 될까요?
나에게 와 달라고 요청해도 돼요.

Can I ask you to come over?
You can ask me to come over.

2
약간 더 천천히 말해 달라고 부탁해도 될까요?
나에게 약간 더 천천히 말하라고 요청하셔도 돼요.

Can I ask you to speak a little more slowly?
You can ask me to speak a little more slowly.

🎧 | 1 | 2 | 3 | 4 | 5 | 숙련도 | 20 | 40 | 60 | 80 | 100 | %

1 부탁 하나 들어달라고 요청해도 될까? (do ~ a favor ~의 부탁을 들어주다)
너는 나에게 부탁을 들어달라고 요청해도 돼.

😃 _____ do me a favor?

😊 _____ do you a favor.

2 존스 씨에게 문자 보내 달라고 요청해도 될까요?
존스 씨에게 문자 보내 달라고 나에게 요청해도 돼.

😃 _____ text Mr. Jones?

😊 _____ text Mr. Jones.

3 앞으로 한 발짝 나와 주시겠어요?
나에게 앞으로 한 발짝 나와 달라고 요청해도 돼요.

😃 _____ step forward?

😊 _____ step forward.

C 주어진 말을 이용하여 대화를 완성하고 역할극하세요.

---
forgive 용서하다   sit down 앉다
---

1 나를 용서해 달라고 요청해도 될까요?
너를 용서해 달라고 나에게 요청해도 돼.

😃 ➡ _____

😊 ➡ _____

2 앉아 달라고 요청해도 될까요?
나에게 앉으라고 요청해도 돼요.

😃 ➡ _____

😊 ➡ _____

1 Can I ask you to forgive me? / You can ask me to forgive you.
2 Can I ask you to sit down? / You can ask me to sit down.

Can I _____?

You can _____

(패턴 1) **Can I _____?** 내가 ~해도 될까요?

~해도 되는지 허락을 구하는 표현은 Can I ~?예요. Can I 뒤에는 동사원형을 써요. can 은 '능력, 가능'을 나타내는 조동사로, 허락을 구할 때도 사용할 수 있어요.

(패턴 2) **You can _____** 당신은 ~해도 돼요

You can ~(당신이 ~할 수 있다)은 '능력' 이외에 '허락(~해도 된다)'을 나타내요. 반대의 뜻인 You can't ~는 '~할 수 없다' 이외에 '~하면 안 된다'라는 의미를 나타내요.

A 패턴과 패턴의 대화를 읽으며 역할극하세요. 🔊

1
제가 한 번 봐도 될까요?
당신은 봐도 돼요.

Can I take a look?
You can take a look.

2
뭐 한 잔 마셔도 될까요?
당신은 뭐 한 잔 마셔도 돼요.

Can I have a drink?
You can have a drink.

1 그와 대화를 할 수 있을까요?
당신은 그와 대화를 나누어도 돼요.

⑥   have a word with him?

☺   have a word with him.

2 이것들 중 하나를 가져도 될까요?
당신은 하나 가져가도 돼요.

⑥   take one of these?

☺   take one.

3 네 펜을 빌릴 수 있을까?
너는 내 펜을 빌려도 돼.

⑥   borrow your pen?

☺   borrow my pen.

C 주어진 말을 이용하여 대화를 완성하고 역할극하세요.

---

ask a question 질문하다   make a suggestion 제안을 하다   for ~을 위해

---

1 질문 하나 해도 될까?
너는 질문해도 돼.

⑥ ➡

☺ ➡

2 제가 그들을 위해 제안 하나 해도 될까요?
당신은 그들을 위해 제안을 해도 돼요.

⑥ ➡

☺ ➡

1 Can I ask a question? / You can ask a question.
2 Can I make a suggestion for them? / You can make a suggestion for them.

REVIEW 배운 패턴들을 복습하세요.

1 그의 여자 친구에 대해 얘기하고 있는 거야?
그의 여자 친구에 대해 얘기하고 있는 게 아니야.

Ⓐ ⬚⬚⬚⬚⬚⬚⬚⬚⬚ his girlfriend?
Ⓑ ⬚⬚⬚⬚⬚⬚⬚⬚ his girlfriend.

2 네가 그 문을 잠근 게 확실해?
내가 그 문을 잠갔는지는 그렇게 확실하지 않아요.

Ⓐ ⬚⬚⬚⬚⬚⬚⬚ you locked the door?
Ⓑ ⬚⬚⬚⬚⬚⬚⬚ I locked the door.

3 다른 직장을 찾고 있나요?
저는 다른 직장을 찾고 있어요.

Ⓐ ⬚⬚⬚⬚⬚⬚⬚ another job?
Ⓑ ⬚⬚⬚⬚⬚⬚ another job.

4 언론에 관심이 있나요?
나는 언론에 관심이 없어요.

Ⓐ ⬚⬚⬚⬚⬚⬚⬚ journalism?
Ⓑ I'm ⬚⬚⬚⬚⬚ journalism.

정답 **1** Are you talking about / I'm not talking about **2** Are you sure / I'm not quite sure **3** Are you looking for / I'm looking for **4** Are you interested in / not interested in

74

5 뭐 좀 먹으러 갈 준비가 되었니?
나는 뭐 좀 먹으러 갈 준비가 거의 다 되었어.

Ⓐ   go grab a bite?

Ⓑ   go grab a bite.

6 당신께 와 달라고 요청해도 될까요?
당신은 나에게 와 달라고 요청해도 돼요.

Ⓐ   come over?

Ⓑ   come over.

7 나를 설득하려는 거예요?
당신을 설득하려는 게 아니에요.

Ⓐ   persuade me?

Ⓑ   persuade you.

8 곧 결혼할 계획인가요?
저는 올해 5월에 결혼할 계획이에요.

Ⓐ   marry soon?

Ⓑ   marry this May.

정답 **5** Are you ready to / I'm pretty much ready to　**6** Can I ask you to / You can ask me to　**7** Are you trying to / I'm not trying to　**8** Are you planning to / I'm planning to

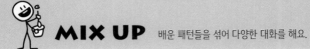

MIX UP
배운 패턴들을 섞어 다양한 대화를 해요.

1 당신은 그녀에게 관심이 있나요?
저는 곧 그녀에게 데이트 신청할 계획이에요.

Ⓐ   her?

Ⓑ   ask her out soon.

2 저는 제 차를 찾고 있어요.
당신은 아직 주차장에 있나요?

Ⓐ   my car.

Ⓑ   in the parking lot?

3 저는 그녀에게 이야기할 준비가 충분히 되었어요.
당신이 오늘 그녀를 만날 수 있을지 그렇게 확실하지 않아요.

Ⓐ   talk to her.

Ⓑ   you can meet her today.

4 뭔가 주문하라고 당신에게 부탁해도 될까요?
당신은 뭐든 저에게 부탁할 수 있어요.

Ⓐ   order something?

Ⓑ   ask me anything.

정답 **1** Are you interested in / I'm planning to   **2** I'm looking for / Are you still
3 I'm pretty much ready to / I'm not quite sure   **4** Can I ask you to / You can

76

5 안으로 들어가려고 애쓰는 중이신가요?
예. 문을 열어 달라고 부탁드려도 될까요?

Ⓐ   get inside?

Ⓑ Yes.   open the door?

6 저는 갈 준비가 거의 다 됐어요.
저를 기다려 달라고 부탁해도 될까요?

Ⓐ   go.

Ⓑ   wait for me?

7 저는 아직도 그와 함께 있어요.
저는 그에 대한 이야기를 하고 있는 게 아니에요.

Ⓐ   with him.

Ⓑ   him.

8 그 경기가 재미있을지 그다지 확신할 수 없어요.
난 그 경기에 관심이 없어.

Ⓐ   the game will be fun.

Ⓑ   the game.

정답 **5** Are you trying to / Can I ask you to **6** I'm pretty much ready to / Can I ask you to **7** I'm still / I'm not talking about **8** I'm not quite sure / I'm not interested in

021 ROLE PLAY WITH PATTERNS 기억하는지 묻고 답하기

Do you remember _____ing?

I don't remember _____ing

패턴 1 Do you remember _____ing? ~한 것을 기억하나요?
remember -ing는 '(과거에) ~한 것을 기억하다'라는 의미예요. remember 뒤에 to부정사(to + 동사원형)가 오면 '(미래에) ~할 것을 기억하다'라는 전혀 다른 뜻이 돼요.

패턴 2 I don't remember _____ing ~한 것이 기억나지 않아요
I remember -ing로 과거에 한 것을 기억한다고 말할 수 있어요. 반대로, 과거에 한 것이 기억나지 않는다고 말할 때는 I don't remember -ing를 써요.

A 패턴과 패턴의 대화를 읽으며 역할극하세요. 🎧

1
불을 끈 것을 기억하나요?
불을 끈 게 기억나지 않아요.

Do you remember turn**ing** off the light?
I don't remember turn**ing** off the light.

2
그 연극을 본 걸 기억해?
그 연극을 본 게 기억나지 않아.

Do you remember watch**ing** the play?
I don't remember watch**ing** the play.

1 문을 잠근 것을 기억하나요?
문을 잠근 게 기억나지 않아요.

⑥   locking the door?

☺   locking the door.

2 너는 그렇게 말했던 것을 기억하니?
그렇게 말했던 게 기억나지 않아요.

⑥   saying that?

☺   saying that.

3 그 열쇠를 가져온 거 기억하나요?
그 열쇠를 가져온 게 기억나지 않아요.

⑥   bringing the key?

☺   bringing the key.

C 주어진 말을 이용하여 대화를 완성하고 역할극하세요.

> build a snowman 눈사람을 만들다   with ~와 함께
> buy ~ a doll ~에게 인형을 사 주다

1 나랑 눈사람을 만들었던 거 기억해?
너랑 그걸 만들었던 게 기억나지 않아.

⑥ ➡

☺ ➡

2 나에게 인형을 사 줬던 거 기억해요?
너에게 인형을 사 줬던 게 기억나지 않아.

⑥ ➡

☺ ➡

1 Do you remember building a snowman with me? / I don't remember building it with you.
2 Do you remember buying me a doll? / I don't remember buying you a doll.

022 생각하는 바 묻고 말하기

Do you think _____?

I think _____

(패턴1) **Do you think _____?** ~이라고 생각하나요?

Do you think (that) ~?는 '~이라고 생각하니?'라고 묻는 표현이에요. 자연스럽게 '~일 [할] 것 같아?' 정도의 느낌으로 사용해요.

(패턴2) **I think _____** ~이라고 생각해요

I think (that) ~는 '~이라고 생각한다, ~일[할] 것 같다'라는 표현이에요. 반대의 뜻은 I don't think (that) ~(~이라고 생각하지 않는다, ~일[할] 것 같지 않다)로 써요.

A 패턴과 패턴의 대화를 읽으며 역할극하세요. 🎧

1
그들이 올 것 같나요?
그들이 올 것 같아요.

Do you think they'll come?
I think they'll come.

2
그녀가 그 경주에서 이길 것 같아?
그녀가 그 경주에서 이길 거라고 생각해.

Do you think she will win the race?
I think she will win the race.

🎧 | 1 | 2 | 3 | 4 | 5 | 숙련도 | 20 | 40 | 60 | 80 | 100 | %

1 그녀가 진실을 말하고 있는 것 같아요?
그녀가 진실을 말하고 있다고 생각해요.

😬   she is telling the truth?

🙂   she is telling the truth.

2 그건 너무 비싸다고 생각하나요?
그건 너무 비싸다고 생각해요.

😬   it's too expensive?

🙂   it's too expensive.

3 제가 자원봉사 해야 할 것 같나요?
너는 자원봉사를 해야 할 것 같아.

😬   I should volunteer?

🙂   you should volunteer.

C 주어진 말을 이용하여 대화를 완성하고 역할극하세요.

---

made a mistake 실수했다   should keep the promise 약속을 지켜야 한다

---

1 그가 실수했다고 생각하나요?
그가 실수한 것 같아요.

😬 ➡

🙂 ➡

2 내가 그 약속을 지켜야 할 것 같아?
네가 그 약속을 지켜야 한다고 생각해.

😬 ➡

🙂 ➡

---

1 Do you think he made a mistake? / I think he made a mistake.
2 Do you think I should keep the promise? / I think you should keep the promise.

Do you want to _____?

I want to _____

패턴 1 **Do you want to _____?** ~하기를 원하나요?

Do you want ~?는 무언가를 원하냐고 묻는 표현이고, Do you want to ~?는 무언가 '~하기'를 원하냐고 묻는 표현이에요. to 뒤에는 동사원형을 써요.

패턴 2 **I want to _____** ~하기를 원해요, ~하고 싶어요

I want to ~를 이용하여 '무언가 하기를 원하다'라고 말할 수 있어요. want 앞에 don't를 넣어 I don't want ~라고 하면 '~하기를 원하지 않다'라는 부정의 뜻이 돼요.

A 패턴과 패턴의 대화를 읽으며 역할극하세요. 🎧

1
좀 쉬기 원합니까?
좀 쉬기 원해요.

Do you want to take a break?
I want to take a break.

2
예술가가 되고 싶나요?
저는 예술가가 되고 싶어요.

Do you want to be an artist?
I want to be an artist.

B 패턴을 넣어 대화를 완성하고 역할극하세요. ⑥

1 오늘은 이만 끝내기를 원하나요? (call it a day 끝내다, 그만하다)
오늘은 이만 끝내고 싶어요.

😆 [_____] call it a day?

😊 [_____] call it a day.

2 메시지를 남기고 싶으신가요?
메시지를 남기고 싶어요.

😆 [_____] leave a message?

😊 [_____] leave a message.

3 다시 해 보고 싶은가요?
다시 해 보기를 원해요.

😆 [_____] try again?

😊 [_____] try again.

C 주어진 말을 이용하여 대화를 완성하고 역할극하세요.

| take a walk 걷다, 산책하다   reserve 예약하다   a room 방 |

1 산책하기 원하세요?
산책하기 원해요.

😆 ➡ [_____]

😊 ➡ [_____]

2 방을 하나 예약하시기 원하나요?
저는 방을 예약하기 원해요.

😆 ➡ [_____]

😊 ➡ [_____]

1 Do you want to take a walk? / I want to take a walk.
2 Do you want to reserve a room? / I want to reserve a room.

83

Do you want me to _____?

I don't want you to _____

(패턴 1) Do you want me to _____? 당신은 내가 ~하기를 원하나요?

Do you want to ~?는 '당신은 ~하기를 원하나요?'인데 반해, Do you want me to ~? 는 '당신은 '내가' ~하기를 원하나요?'라는 표현이에요.

(패턴 2) I don't want you to _____ 나는 당신이 ~하기를 원하지 않아요

I want you to ~는 '나는 '네가' ~하기를 원한다'라는 표현이에요. I don't want you to ~를 이용하여 '나는 네가 ~하기를 원하지 않는다'라고 말할 수 있어요.

A 패턴과 패턴의 대화를 읽으며 역할극하세요. 🎧

1
당신은 내가 그에게 물어보기를 원하나요?
저는 당신이 그에게 물어보기를 원하지 않아요.

Do you want me to ask him?
I don't want you to ask him.

2
너는 내가 네 사진을 찍어 주기를 원해?
나는 네가 내 사진을 찍어 주기를 원하지 않아.

Do you want me to take a picture of you?
I don't want you to take a picture of me.

🎧 1 2 3 4 5 숙련도 20 40 60 80 100 %

B 패턴을 넣어 대화를 완성하고 역할극하세요. 🎧

1 당신은 제가 구급차를 부르길 원하나요?
저는 당신이 구급차를 불러 주기를 원하지 않아요.

😮 　　　　　　　 call an ambulance?

😔 　　　　　　　 call an ambulance.

2 제가 메시지를 받아 드릴까요?
저는 당신이 메시지를 받아 주기를 원하지 않아요.

😮 　　　　　　　 take a message?

😔 　　　　　　　 take a message.

3 제가 나중에 다시 오기를 원하시나요?
저는 당신이 나중에 다시 오기를 원하지 않아요.

😮 　　　　　　　 come back later?

😔 　　　　　　　 come back later.

C 주어진 말을 이용하여 대화를 완성하고 역할극하세요.

> give ~ a hand ~를 도와주다
> deal with 처리하다　 the complaint 그 불평[불만]

1 너는 내가 너를 도와주기를 원해?
나는 네가 나를 도와주기를 원하지 않아.

😮 ➡

😔 ➡

2 제가 그 불평을 처리하기 원하세요?
나는 당신이 그걸 처리하기 원하지 않아요.

😮 ➡

😔 ➡

1 Do you want me to give you a hand? / I don't want you to give me a hand.
2 Do you want me to deal with the complaint? / I don't want you to deal with it.

025

ROLE PLAY WITH PATTERNS
본 적이 있는지 묻고 답하기

패턴1 **Have you seen _____?** ~을 본 적이 있나요?

Have you seen ~?은 '~을 본 적이 있니?'라고 묻는 표현이에요. seen은 see(보다)의 과거분사이며, 〈have + 과거분사〉는 현재완료로 과거부터 현재까지의 경험을 표현해요.

패턴2 **I've seen _____** ~을 본 적이 있어요

I have seen ~을 이용하여 '~을 본 적이 있다'고 말할 수 있어요. I have는 I've로 줄여 말하기도 해요. I haven't seen ~은 '~을 본 적이 없다'라는 표현이에요.

A 패턴과 패턴의 대화를 읽으며 역할극하세요. 🎧

1
그 영화를 본 적 있나요?
그 영화를 본 적 있어요.

Have you seen the movie?
I've seen the movie.

2
유령을 본 적 있어?
나는 유령을 본 적이 있어.

Have you seen a ghost?
I've seen a ghost.

🎧 1 2 3 4 5 숙련도 20 40 60 80 100 %

B 패턴을 넣어 대화를 완성하고 역할극하세요. ⑥

1
전에 그 남자를 본 적 있나요?
전에 그 남자를 본 적이 있어요.

⑥   the guy before?

☺   the guy before.

2
최근에 내 자전거를 본 적이 있나요?
최근에 당신의 자전거를 본 적이 있어요.

⑥   my bike lately?

☺   your bike lately.

3
TV에서 이 광고를 본 적 있어?
TV에서 이 광고를 본 적이 있어.

⑥   this ad on TV?

☺   this ad on TV.

C 주어진 말을 이용하여 대화를 완성하고 역할극하세요.

recently 최근에   famous actors 유명한 배우들   in person 직접

1
최근에 그 소녀를 본 적 있나요?
최근에 그 소녀를 본 적이 있어요.

⑥ ➡

☺ ➡

2
유명한 배우들을 직접 본 적이 있니?
유명한 배우들을 직접 본 적이 있어요.

⑥ ➡

☺ ➡

1 Have you seen the girl recently? / I've seen the girl recently.
2 Have you seen famous actors in person? / I've seen famous actors in person.

026

ROLE PLAY WITH PATTERNS
들어본 적 있는지 묻고 답하기

Have you heard _____?

I haven't heard _____

패턴1 **Have you heard _____?** ~을 들어본 적이 있나요?
Have you heard ~?는 '~을 들어본 적이 있니?'라고 묻는 표현이에요. heard는 hear(듣는다)의 과거분사로, have heard는 과거부터 현재까지의 경험을 표현하는 현재완료예요.

패턴2 **I haven't heard _____** ~을 들어본 적이 없어요
I've heard ~는 '~을 들어본 적이 있다'는 말이에요. 부정은 I haven't heard ~(~을 들어본 적이 없다)로 표현해요.

A 패턴과 패턴의 대화를 읽으며 역할극하세요. ⑥

1
그 소식을 들어본 적 있나요?
그 소식을 들어본 적이 없어요.

Have you heard the news?
I haven't heard the news.

2
최근에 너희 할머니에게서 소식을 들은 적 있니?
최근에 우리 할머니에게서 소식을 들은 적이 없어.

Have you heard from your grandma lately?
I haven't heard from my grandma lately.

⑧ | 1 | 2 | 3 | 4 | 5 | 수련도 | 20 | 40 | 60 | 80 | 100 | %

B 패턴을 넣어 대화를 완성하고 역할극하세요. 🎧

1 그녀에 관한 소문을 들어본 적 있니?
그녀에 관한 소문을 들어본 적 없어.

😃   the rumor about her?

😔   the rumor about her.

2 "문화의 날"에 대해 들어본 적 있나요?
"문화의 날"에 대해 들어본 적이 없어요.

😃   of "Culture Day"?

😔   of "Culture Day".

3 최근에 그 친구에게서 소식을 들어본 적 있니?
최근에 그 친구에게서 소식을 들어본 적 없어요.

😃   from the guy recently?

😔   from the guy recently.

C 주어진 말을 이용하여 대화를 완성하고 역할극하세요.

> the director 그 감독   of ~에 대해   famous 유명한   proverb 속담

1 그 감독에 대해 들어본 적이 있나요?
그 감독에 대해 들어본 적이 없어요.

😃 →

😔 →

2 그 유명한 속담을 들어본 적 있어?
그 속담을 들어본 적이 없어.

😃 →

😔 →

1 Have you heard of the director? / I haven't heard of the director.
2 Have you heard the famous proverb? / I haven't heard the proverb.

O27 해 본 적 있는지 묻고 답하기

Have you ever tried _____?

I've tried _____

(패턴1) Have you ever tried _____? (한 번이라도) ~을 해 본 적이 있나요?
try는 '노력하다, 시도해 보다'라는 동사예요. Have you tried ~?는 '~을 해 본 적 있나요?',
Have you ever tried ~?는 '(한 번이라도) ~을 해 본 적 있나요?'라는 강조 표현이에요.

(패턴2) I've tried _____ ~을 해[먹어, 신어, 가] 본 적이 있어요
I've tried ~는 '~을 해 본 적 있다'는 표현이에요. 부정은 I haven't tried ~(~을 해 본
적이 없다)나 I have never tried(~을 결코[절대] 해 본 적이 없다)로 쓸 수 있어요.

A 패턴과 패턴의 대화를 읽으며 역할극하세요. 🎧

1
전에 그 음식을 한 번이라도 먹어 본 적이 있나요?
전에 그 음식을 먹어 본 적 있어요.

Have you ever tried the food before?
I've tried the food before.

2
하이힐(굽 높은 구두)을 신어 본 적 있나요?
하이힐을 신어 본 적이 있어요.

Have you ever tried high heels?
I've tried high heels.

1 2 3 4 5 수련도 20 40 60 80 100 %

1
전에 김치를 먹어 본 적이 있나요?
전에 김치를 먹어 본 적이 있어요.

😃   Kimchi before?

😊   Kimchi before.

2
전에 이 디저트를 먹어 본 적 있나요?
전에 이 디저트를 먹어 본 적이 있어요.

😃   this dessert before?

😊   this dessert before.

3
저 식당에 한 번이라도 가 본 적 있나요?
저 식당에 가 본 적이 있어요.

😃   that restaurant?

😊   that restaurant.

C 주어진 말을 이용하여 대화를 완성하고 역할극하세요.

> new 새로운   Mexican food 멕시코 음식

1
이 새로운 커피 마셔 본 적이 있나요?
이 커피를 마셔 본 적 있어요.

😃 ➡

😊 ➡

2
전에 멕시코 음식을 먹어 본 적이 있나요?
전에 멕시코 음식을 먹어 본 적이 있어요.

😃 ➡

😊 ➡

---

1 Have you ever tried this new coffee? / I've tried this coffee.
2 Have you ever tried Mexican food before? / I've tried Mexican food before.

Have you ever been to _____?

I have never been to _____

패턴1 **Have you ever been to _____?** ~에 가 본 적이 있나요?

Have you ever been to ~?는 '(한 번이라도) ~에 가 본 적이 있니?'라는 표현이에요.
been은 be동사의 과거분사예요. go를 써서 Have you gone to ~?라고 하면 안 돼요.

패턴2 **I have never been to _____** ~에 가 본 적이 결코 없어요

I've been to ~로 '~에 가 본 적이 있다'고 말할 수 있어요. I have never been to ~라
고 하면 '~에 절대 가 본 적이 없다'라는 부정의 의미를 강조하는 표현이 돼요.

A 패턴과 패턴의 대화를 읽으며 역할극하세요. 🎧

1
제주도에 한 번이라도 가 본 적 있나요?
제주도에는 절대 가 본 적이 없어요.

Have you ever been to Jeju Island?
I have never been to Jeju Island.

2
그 새로운 도서관에 가 본 적 있나요?
그 새로운 도서관에 절대 가 본 적이 없어요.

Have you ever been to the new library?
I have never been to the new library.

🎧 | 1 | 2 | 3 | 4 | 5 | 숙련도 | 20 | 40 | 60 | 80 | 100 | %

B 패턴을 넣어 대화를 완성하고 역할극하세요. ⑥

1 하와이에 한 번이라도 가 본 적 있니?
하와이에 가 본 적이 결코 없어요.

😳   Hawaii?

😄   Hawaii.

2 싱가포르에 가 봤니?
싱가포르에 가 본 적이 결코 없어.

😳   Singapore?

😄   Singapore.

3 다른 나라에 가 본 적이 있니?
다른 나라에 가 본 적이 절대 없어요.

😳   other countries?

😄   other countries.

C 주어진 말을 이용하여 대화를 완성하고 역할극하세요.

the United States 미국   recently 최근에   gym 체육관

1 미국에 한 번이라도 가 본 적 있나요?
미국에 결코 가 본 적이 없어요.

😳 ➡

😄 ➡

2 최근에 그 체육관에 가 본 적 있나요?
최근에 그 체육관에 가 본 적이 절대 없어요.

😳 ➡

😄 ➡

1 Have you ever been to the United States? / I have never been to the United States.
2 Have you ever been to the gym recently? / I have never been to the gym recently.

029 얼마나 걸리는지 묻고 답하기

How long does it take to _____?

It takes _____ to _____

[패턴 1] **How long does it take to _____?** ~하는 데 얼마나 걸리나요?

How long은 '얼마나 오래', take는 '(시간)이 걸리다'라는 뜻이에요. 그래서 How long does it take to ~?는 '~하는 데 얼마나 걸리나요?'라는 표현이 돼요.

[패턴 2] **It takes _____ to _____** ~하는 데 (얼마의 시간이) 걸려요

'~하는 데 (얼마의 시간)이 걸린다'라는 말은 〈It takes + 시간 + to ~〉를 사용해요. 한편 '~하는 데 (얼마의 시간)이 걸리지 않는다'는 〈It doesn't take + 시간 + to ~〉예요.

A 패턴과 패턴의 대화를 읽으며 역할극하세요. 🎧

1
거기 도착하는 데 얼마나 걸리나요?
거기 가는 데는 2시간이 걸려요.

How long does it take to get there?
It takes 2 hours **to** get there.

2
집에 가는 데 얼마나 걸리나요?
집에 가는 데 1시간 걸려요.

How long does it take to go home?
It takes an hour **to** go home.

🎧 | 1 | 2 | 3 | 4 | 5 | 숙련도 | 20 | 40 | 60 | 80 | 100 | %

1   라면을 끓이는 데 얼마나 걸리죠?
라면을 끓이는 데는 3분 걸려요.

😈 _____ cook Ramen?

😊 _____ 3 minutes _____ cook Ramen.

2   샤워하는 데 얼마나 걸리나요?
샤워를 하는 데는 1시간 걸려요.

😈 _____ take a shower?

😊 _____ 1 hour _____ take a shower.

3   옷을 입는 데 얼마나 걸리나요?
옷을 입는 데 5분 걸려요.

😈 _____ get dressed?

😊 _____ 5 minutes _____ get dressed.

C 주어진 말을 이용하여 대화를 완성하고 역할극하세요.

finish 끝내다   homework 숙제   a passport 여권   get 받다

1   네 숙제를 끝내는 데 얼마나 걸리니?
그것을 끝내는 데 한 시간 걸려요.

😈 ➡

😊 ➡

2   여권을 받는 데 얼마나 걸리나요?
그것을 받는 데는 5일이 걸려요.

😈 ➡

😊 ➡

1 How long does it take to finish your homework? / It takes an hour to finish it.
2 How long does it take to get a passport? / It takes five days to get it.

How long has it been since _____?

It has been _____ since _____

패턴1 **How long has it been since _____?** ~한 지 얼마나 됐나요?
it has been은 과거 한 시점부터 현재까지의 시간을 나타내는 말이에요. since는 '~한 지[이후로]'라는 말로, How long has it been since ~?는 '~한 지 얼마나 됐나요?'예요.

패턴2 **It has been _____ since _____** ~한 지[이후] (얼마의 시간)이 지났어요
'~한 지[이후] (얼마의 시간)이 지났다'라는 말은 〈It has been + 시간 + since ~〉를 사용해요. has 대신 hasn't을 쓰면 '~한 지[이후] (시간)이 지나지 않았다'는 표현이 돼요.

A 패턴과 패턴의 대화를 읽으며 역할극하세요. 🎧

1
당신이 그를 방문한 지 얼마나 오래 지났죠?
그를 방문한 이후 1년이 지났어요.

How long has it been since you visited him?
It has been a year **since** I visited him.

2
너는 여기에 온 지 얼마나 됐니?
여기에 온 지 석 달이 지났어.

How long has it been since you came here?
It has been 3 months **since** I came here.

B 패턴을 넣어 대화를 완성하고 역할극하세요. 6

1
네가 떠난 지 얼마나 됐니?
내가 떠난 지 3주가 지났어.

😈 [_____] you left?

😊 [_____] 3 weeks [____] I left.

2
당신이 이사 들어온 지 얼마나 됐나요?
내가 이사 들어온 지 4달이 지났어요.

😈 [_____] you moved in?

😊 [_____] 4 months [____] I moved in.

3
우리가 만난 지 얼마나 됐지?
우리가 만난 지 100일이 됐어.

😈 [_____] we met?

😊 [_____] 100 days [____] we met.

C 주어진 말을 이용하여 대화를 완성하고 역할극하세요.

call 전화하다 – called 전화했다   join 합류하다 – joined 합류했다

1
네가 그에게 전화한 지 얼마나 됐어?
내가 그에게 전전화한 지 하루가 지났어.

😈 ➡ [_____]

😊 ➡ [_____]

2
당신이 우리에 합류한 지 얼마나 지났나요?
합류한 지 2년이 지났어요.

😈 ➡ [_____]

😊 ➡ [_____]

1 How long has it been since you called him? / It has been a day since I called him.
2 How long has it been since you joined us? / It has been 2 years since I joined.

1 전에 한 번이라도 그 음식을 먹어 본 적 있나요? (try)
전에 그 음식을 먹어 본 적이 있어요.

Ⓐ _____ the food before?
Ⓑ _____ the food before.

2 거기 도착하는 데 얼마나 걸리나요?
거기 가는 데는 2시간이 걸려요.

Ⓐ _____ to get there?
Ⓑ _____ 2 hours _____ get there.

3 예술가가 되고 싶나요?
저는 예술가가 되고 싶어요.

Ⓐ _____ be an artist?
Ⓑ _____ be an artist.

4 최근에 너희 할머니에게서 소식을 들은 적 있니?
최근에 우리 할머니에게서 소식을 들은 적이 없어.

Ⓐ _____ from your grandma lately?
Ⓑ _____ from my grandma lately.

정답 **1** Have you ever tried / I've tried **2** How long does it take / It takes, to
3 Do you want to / I want to **4** Have you heard / I haven't heard

5 너는 내가 네 사진을 찍어 주기 원해?
나는 네가 내 사진을 찍어 주기를 원하지 않아.

Ⓐ _____ take a picture of you?

Ⓑ _____ take a picture of me.

6 그 영화를 본 적 있나요?
그 영화를 본 적 있어요.

Ⓐ _____ the movie?

Ⓑ _____ the movie.

7 너는 한국에 온 지 얼마나 됐니?
한국에 온 지 석 달이 지났어요.

Ⓐ _____ since you came to Korea?

Ⓑ _____ 3 months _____ I came to Korea.

8 그 새로운 도서관에 한 번이라도 가 본 적 있나요? (be)
그 새로운 도서관에 절대 가 본 적이 없어요.

Ⓐ _____ the new library?

Ⓑ _____ the new library.

정답 **5** Do you want me to / I don't want you to **6** Have you seen / I've seen **7** How long has it been / It has been, since **8** Have you ever been to / I have never been to

1 그녀를 전에 본 기억이 있나요?
저는 전에 그녀를 본 적 있어요.

Ⓐ   seeing her before?

Ⓑ   her before.

2 전에 이 음식을 한 번이라도 드셔 보신 적이 있나요?
저는 당신이 그걸 먹기 원하지 않아요.

Ⓐ   this food before?

Ⓑ   try that.

3 그 이야기를 들은 적 있어요?
제 생각에는 그 이야기를 들은 적 있는 것 같아요.

Ⓐ   the story?

Ⓑ   I have heard the story.

4 네 생각에는 그녀가 나를 좋아하는 거 같아?
나는 네가 그녀와 사귀길 바라지 않아. (go out with ~와 사귀다)

Ⓐ   she likes me?

Ⓑ   go out with her.

정답 **1** Do you remember / I've seen   **2** Have you ever tried / I don't want you to
3 Have you heard / I think   **4** Do you think / I don't want you to

5 당신은 제가 모두를 모으기 원하세요? (gather 모으다)
그럴 필요가 있다고 생각해요.

Ⓐ   gather everyone?

Ⓑ   that's necessary.

6 거기에 도착하는 데 얼마나 걸리나요?
그에 집에 가 본 적이 전혀 없어서 모르겠어요.

Ⓐ   get there?

Ⓑ   his house, so I don't know.

7 우리가 만난 이후로 2년이 되었어요.
영원히, 저는 당신이 저를 떠나기를 원치 않아요.

Ⓐ   2 years   we met.

Ⓑ   leave me, forever.

8 저는 그 섬에 가 본 적이 절대 없어요.
거기 가는 데 몇 시간 걸려요.

Ⓐ   the island.

Ⓑ   a few hours   get there.

정답 **5** Do you want me to / I think   **6** How long does it take to / I've never been to
7 It has been, since / I don't want you to   **8** I've never been to / It takes, to

ROLE PLAY WITH PATTERNS
031 뭘 의미하는지 묻고 답하기

> What do you mean _____?
>
> I mean _____

패턴1 **What do you mean _____?** ~이라니 무슨 말이에요?

mean은 '의미하다'라는 동사이고, What do you mean (that) ~?은 '~라는 것은 무슨 의미예요?, ~이라니 무슨 말이에요?'라고 묻는 표현이에요. that은 생략 가능해요.

패턴2 **I mean _____** 내 말은 ~이라는 거예요

I mean (that) ~은 직역하면 '나는 ~이라는 것을 의미[말]한다'가 되지만, '내 말은 ~이라는 거예요'와 같이 말할 때 쓰는 표현이에요. 부정은 I don't mean ~이에요.

A 패턴과 패턴의 대화를 읽으며 역할극하세요. 🎧

1
그녀가 여기 없다니 무슨 말이에요?
제 말은 그녀가 늦을 것이라는 거예요.

What do you mean she is not here?
I mean she'll be late.

2
그가 몰랐다는 게 무슨 말이야?
내 말은 아무도 그에게 진실을 말하지 않았다는 거야.

What do you mean he didn't know?
I mean nobody told him the truth.

102

B 패턴을 넣어 대화를 완성하고 역할극하세요. 🔊

1
그 가게가 닫았다니 무슨 말이에요?
내 말은 그 가게가 리모델링하는 중이라는 거예요.

😮 _____ the store is closed?

😊 _____ the store is under remodeling.

2
음식이 없다니 무슨 말이에요?
내 말은 우리가 저녁을 굶어야 한다는 거야.

😮 _____ there is no food?

😊 _____ we have to skip dinner.

3
그가 아프다니 무슨 말이에요?
내 말은 그가 결근할 거라는 거예요. (be absent from ~에 결석하다)

😮 _____ he is sick?

😊 _____ he'll be absent from work.

C 주어진 말을 이용하여 대화를 완성하고 역할극하세요.

> take a shower 샤워하다   water is cut off 단수되다
> your wallet 너의 지갑   borrow some 좀 빌리다

1
내가 샤워를 할 수 없다니 무슨 말인가요?
내 말은 단수가 된다는 거예요.

😮 ➡ _____

😊 ➡ _____

2
지갑을 가지고 있지 않다니 무슨 말인가요?
제 말은 좀 빌려야 한다는 말이에요.

😮 ➡ _____

😊 ➡ _____

1 What do you mean I can't take a shower? / I mean water is cut off.
2 What do you mean you don't have your wallet? / I mean I have to borrow some.

103

What is it that you _____?

It is _____ that I _____

패턴1 **What is it that you _____?** 당신이 ~하는 게 정확히 무엇인가요?
What is it that you ~?는 '네가 ~하는 게 정확히 무엇이니?'라는 표현이에요. It is ~ that you ...(네가 …하는 건 바로 ~이다)라는 It is ~ that 강조 구문의 의문문이에요.

패턴2 **It is _____ that I _____** 제가 …하는 것은 바로 ~이에요
It is ~ that I …는 '내가 …하는 것은 바로 ~이에요'라는 말이에요. It is와 that 사이의 말을 강조하는 표현이에요. 부정문은 It isn't ~ that I …로 말해요.

A 패턴과 패턴의 대화를 읽으며 역할극하세요. ⑧

1 당신이 원하는 게 정확히 무엇인가요?
제가 원하는 것은 바로 당신이에요.

What is it that you want?
It is you **that I** want.

2 물어보고 싶은 게 정확히 무엇인가요?
제가 물어보고 싶은 게 바로 당신의 의견이에요.

What is it that you want to ask?
It is your opinion **that I** want to ask.

⑧ 1 2 3 4 5 수련도 20 40 60 80 100 %

B 패턴을 넣어 대화를 완성하고 역할극하세요. 🎧

1 당신이 본 게 정확히 무엇인가요?
제가 본 건 바로 탐의 고양이에요.

😊 _____ saw?

😊 _____ Tom's cat _____ saw.

2 당신이 가져온 게 정확히 무엇인가요?
내가 가져온 것은 바로 이 장미예요.

😊 _____ brought?

😊 _____ this rose _____ brought.

3 당신이 말하려는 게 정확히 무엇인가요?
제가 말하려는 것은 바로 진실이에요.

😊 _____ are trying to say?

😊 _____ the truth _____ am trying to say.

C 주어진 말을 이용하여 대화를 완성하고 역할극하세요.

> dislike 싫어하다   attitude 태도
> wish to learn 배우기 바라다   swimming 수영

1 네가 싫어하는 게 정확히 뭔데?
내가 싫어하는 건 바로 너의 태도야.

😊 ➡ _____

😊 ➡ _____

2 배우기를 바라는 게 정확히 무엇인가요?
제가 배우기 바라는 건 바로 수영이에요.

😊 ➡ _____

😊 ➡ _____

1 What is it that you dislike? / It is your attitude that I dislike.
2 What is it that you wish to learn? / It is swimming that I wish to learn.

033

ROLE PLAY WITH PATTERNS
가장 좋은 방법 묻고 답하기

패턴1 **What is the best way to _____?** ~하기 가장 좋은 방법은 무엇인가요?
way는 '길, 방법'이라는 말로, What is the best way to ~?는 ~하는 가장 좋은 방법을
묻는 표현이에요. to 뒤에는 동사원형을 써요.

패턴2 **The best way to _____ is to _____** …하기 가장 좋은 방법은 ~이에요
The best way to ~ is to …는 '~하는 가장 좋은 방법은 …이다'라는 표현이에요. is 앞
까지가 '주어'예요. 가장 좋은 방법은 ~하지 않는 거라고 말할 때는 is not to ~로 해요.

A 패턴과 패턴의 대화를 읽으며 역할극하세요. ⑧

1
체중을 줄이는 제일 좋은 방법이 무엇인가요?
몸무게를 줄이는 제일 좋은 방법은 운동하는 거예요.

What is the best way to lose weight?
The best way to lose weight **is to** exercise.

2
가난한 사람들을 돕는 가장 좋은 방법이 뭔가요?
가난한 사람들을 돕는 가장 좋은 방법은 기부하는 거예요.

What is the best way to help the poor?
The best way to help the poor **is to** donate.

⑧ | 1 | 2 | 3 | 4 | 5 | 숙련도 | 20 | 40 | 60 | 80 | 100 | %

1 거기 도착하는 가장 좋은 방법이 무엇인가요?
거기 도착하는 가장 좋은 방법은 버스를 타는 거예요.

😃 _____ get there?

😊 _____ get there _____ take a bus.

2 영어를 공부하는 제일 좋은 방법이 무엇인가요?
영어를 공부하는 제일 좋은 방법은 열심히 연습하는 거예요.

😃 _____ study English?

😊 _____ study English _____ practice hard.

3 스트레스를 줄이는 가장 좋은 방법이 무엇인가요?
스트레스를 줄이는 가장 좋은 방법은 음악을 듣는 거예요.

😃 _____ relieve stress?

😊 _____ relieve stress _____ listen to music.

C 주어진 말을 이용하여 대화를 완성하고 역할극하세요.

> relax 긴장을 풀다   take a deep breath 심호흡하다
> stay fit 건강을 유지하다, 탄탄한 몸을 유지하다   properly 제대로, 올바르게

1 긴장을 푸는 제일 좋은 방법이 뭔가요?
긴장을 푸는 제일 좋은 방법은 심호흡하는 거예요.

😃 ➡

😊 ➡

2 탄탄한 몸을 유지하는 가장 좋은 방법이 뭔가요?
탄탄한 몸을 유지하는 가장 좋은 방법은 올바르게 먹는 거예요.

😃 ➡

😊 ➡

1 What is the best way to relax? / The best way to relax is to take a deep breath.
2 What is the best way to stay fit? / The best way to stay fit is to eat properly.

034

ROLE PLAY WITH PATTERNS
너무 ~한지 묻고 답하기

패턴1 **Is it too _____ to _____?** ···하기에는 너무 ~한가요?
too는 '너무'라는 말로, Is it too ~ to ...?는 '···하기에는 너무 ~한가요?, 너무 ~해서 ···
할 수 없나요?'라는 질문이에요. 〈too + 형용사 + to + 동사원형〉의 순서를 기억하세요.

패턴2 **It's not too _____ to _____** ···하기에 너무 ~하지는 않아요
It's too ~ to ...는 '···하기에는 너무 ~하다, 너무 ~해서 ···할 수 없다'라는 말이에요. 부
정 It's not too ~ to ...는 '···하기에 너무 ~하지는 않다' 즉 '~할 수 있다'는 말이 돼요.

A 패턴과 패턴의 대화를 읽으며 역할극하세요. 🔊

1
들고 가기에는 너무 무거운가요?
들고 가기에 너무 무겁지는 않아요.

Is it too heavy **to** carry?
It's not too heavy **to** carry.

2
보기에 너무 지루한가요?
보기에 너무 지루하지는 않아요.

Is it too boring **to** watch?
It's not too boring **to** watch.

🔊 | 1 | 2 | 3 | 4 | 5 | 수련도 | 20 | 40 | 60 | 80 | 100 | %

B 패턴을 넣어 대화를 완성하고 역할극하세요. ⑥

1
외출하기에는 너무 추운가요?
외출하기에 너무 춥지는 않아요.

😲 _____ cold ____ go out?

🙂 _____ cold ____ go out.

2
신청하기에는 너무 늦었나요?
신청하기에 너무 늦지는 않았어요.

😲 _____ late ____ apply?

🙂 _____ late ____ apply.

3
다시 사용하기에는 너무 낡았나요?
다시 사용하기에 너무 낡지는 않았어요.

😲 _____ old ____ reuse?

🙂 _____ old ____ reuse.

C 주어진 말을 이용하여 대화를 완성하고 역할극하세요.

> dirty 더러운   wear 입다   early 이른   celebrate 축하하다

1
입기에는 너무 더러운가요?
입기에 너무 더럽지는 않아요.

😲 ⇒

🙂 ⇒

2
축하하기엔 너무 이른가요?
축하하기에 너무 이르지는 않아요.

😲 ⇒

🙂 ⇒

1 Is it too dirty to wear? / It's not too dirty to wear.
2 Is it too early to celebrate? / It's not too early to celebrate.

035

ROLE PLAY WITH PATTERNS
뭘 해야 하는지 묻고 답하기

What should I _____?

You should _____

패턴1 **What should I _____?** 내가 뭘 해야 할까요?

should는 '~해야 한다'는 충고, 권유, 비교적 가벼운 의무를 나타내는 조동사로, What should I ~?는 '내가 뭘 해야 할까요, 내가 뭘 하는 게 좋겠어요?'라는 표현이에요.

패턴2 **You should _____** 당신은 ~해야 해요

You should 뒤에 '해야 할 일'들을 넣어서 말할 수 있어요. 부정의 의미로 말할 때는 조동사 should 뒤에 not을 넣어요. should not은 shouldn't로 줄여 쓸 수 있어요.

A 패턴과 패턴의 대화를 읽으며 역할극하세요. 🎧

1 파티에 뭘 입고 가야 하나요?
  당신은 그 파티에 정장을 입어야 해요.

  What should I wear to the party?
  You should wear a suit to the party.

2 그 일 이후에 제가 뭘 해야 하나요?
  서류를 준비해야 해요.

  What should I do after the work?
  You should prepare the paperwork.

🎧 1 2 3 4 5 숙련도 20 40 60 80 100 %

B 패턴을 넣어 대화를 완성하고 역할극하세요. ⑥

1
제가 뭘 요청해야 하나요?
당신은 조언을 좀 요청해야 해요.

(ㅎ)   ask for?

(ㅎ)   ask for some advice.

2
그의 생일을 위해 내가 그에게 뭘 주어야 하나요?
당신은 그에게 멋진 시계를 주는 게 좋겠어요.

(ㅎ)   get him for his birthday?

(ㅎ)   get him a nice watch.

3
제가 그녀에게 무엇을 말해야 하나요?
당신은 그녀에게 그 보상에 대해 말해야 해요.

(ㅎ)   tell her?

(ㅎ)   tell her about the reward.

C 주어진 말을 이용하여 대화를 완성하고 역할극하세요.

> give up 포기하다   plan 계획
> give her 그녀에게 주다   for her wedding gift 그녀의 결혼 선물로

1
제가 그들을 위해 무엇을 포기해야 하나요?
당신은 당신의 계획을 포기해야 해요.

(ㅎ) ➡

(ㅎ) ➡

2
그녀의 결혼 선물로 제가 뭘 줘야 하나요?
당신은 그녀에게 꽃을 좀 주는 게 좋겠어요.

(ㅎ) ➡

(ㅎ) ➡

1 What should I give up for them? / You should give up your plan.
2 What should I give her for her wedding gift? / You should give her some flowers.

What would you like to _____?

I would like to _____

(패턴 1) **What would you like to _____?** 무엇을 ~하고 싶은가요?

would like to는 '~하고 싶다'라는 말이며, What would you like to ~?는 '무엇을 ~하고 싶나요?'라는 말로 What do you want to ~?보다 좀 더 정중하게 묻는 표현이에요.

(패턴 2) **I would like to _____** 나는 ~하고 싶어요

I would like to 뒤에 동사원형을 넣어 하고 싶은 것을 말할 수 있어요. 조동사 would 뒤에 not을 넣어 부정의 의미로 말할 수 있어요. would not은 wouldn't로 줄여 써요.

A 패턴과 패턴의 대화를 읽으며 역할극하세요. 🎧

1 무엇을 마시고 싶으세요?
저는 차를 마시고 싶어요.

What would you like to drink?
I would like to drink tea.

2 무엇을 삭제하고 싶나요?
나는 불필요한 파일들을 좀 삭제하고 싶어요.

What would you like to delete?
I would like to delete some unnecessary files.

🎧 1 2 3 4 5 수련도 20 40 60 80 100 %

B 패턴을 넣어 대화를 완성하고 역할극하세요. ⑥

1
무엇을 알고 싶으십니까?
저는 당신의 일정을 알고 싶어요.

(😎)   know?

(☺)   know your schedule.

2
오늘 무엇을 하고 싶으세요?
새로 나온 영화를 보고 싶어요.

(😎)   do today?

(☺)   see the new movie.

3
저녁 식사로 무엇을 먹고 싶으세요?
저는 닭고기 수프를 먹고 싶어요.

(😎)   have for dinner?

(☺)   have chicken soup.

C 주어진 말을 이용하여 대화를 완성하고 역할극하세요.

> try on ~을 입어 보다   the jeans 그 청바지
> major in ~을 전공하다   computer science 컴퓨터 과학

1
무엇을 입어 보고 싶나요?
저는 그 청바지를 입어 보고 싶어요.

(😎) ⇒

(☺) ⇒

2
무엇을 전공하고 싶나요?
저는 컴퓨터 과학을 전공하고 싶어요.

(😎) ⇒

(☺) ⇒

1 What would you like to try on? / I would like to try on the jeans.
2 What would you like to major in? / I would like to major in computer science.

113

When can I _____?

You can _____

패턴 1 When can I _____? 언제 내가 ~할 수 있나요?
When can I ~?는 '언제 내가 ~할 수 있나요?'라고 묻는 표현이에요. can(~할 수 있다)
이라는 조동사가 있으므로, 뒤에는 항상 동사원형을 써요.

패턴 2 You can _____ 당신은 (언제) ~할 수 있어요
You can ~ 뒤에 When(언제)에 대한 답으로 구체적인 시간을 넣으면 '(언제) ~할 수 있
다'라는 의미가 돼요. '~할 수 없다'는 I can't[cannot] ~으로 표현할 수 있어요.

A 패턴과 패턴의 대화를 읽으며 역할극하세요. 🎧

1
언제 제가 그녀를 볼 수 있나요?
오늘 그녀를 볼 수 있어요.

When can I see her?
You can see her today.

2
제가 언제 당신과 다시 이야기를 나눌 수 있나요?
당신은 다음 주에 다시 저와 이야기를 나눌 수 있어요.

When can I talk to you again?
You can talk to me again next week.

🎧 1 2 3 4 5 숙련도 20 40 60 80 100 %

B 패턴을 넣어 대화를 완성하고 역할극하세요. ⑥

1
당신의 피드백을 언제 받을 수 있나요?
당신은 오늘 오후에 그것을 받을 수 있어요.

(☺) [   ] receive your feedback?

(☺) [   ] receive it this afternoon.

2
그 시험 결과를 언제 알 수 있나요?
당신은 그것을 이번 주에 알 수 있어요.

(☺) [   ] know the test results?

(☺) [   ] know it this week.

3
제 전화기를 언제 돌려받을 수 있나요?
너는 내일 그것을 돌려받을 수 있어.

(☺) [   ] have my phone back?

(☺) [   ] have it back tomorrow.

C 주어진 말을 이용하여 대화를 완성하고 역할극하세요.

> leave 출발하다, 떠나다   tomorrow morning 내일 아침
> go home from work 퇴근하여 집에 가다   within an hour 1시간 이내에

1
제가 언제 출발할 수 있나요?
당신은 내일 아침에 출발할 수 있어요.

(☺) ➡ [   ]

(☺) ➡ [   ]

2
언제 퇴근해서 집에 갈 수 있나요?
당신은 1시간 이내에 퇴근해서 집에 갈 수 있어요.

(☺) ➡ [   ]

(☺) ➡ [   ]

1 When can I leave? / You can leave tomorrow morning.
2 When can I go home from work? / You can go home from work within an hour.

ROLE PLAY WITH PATTERNS
언제 ~할 건지 묻고 답하기

패턴 1 **When are you _____ing?** 언제 ~할 건가요?

When are you -ing?는 언제 ~할 예정인지 묻는 표현이에요. 보기에는 '~하고 있다'라
는 현재진행형 같지만, 진행형을 이용하여 가까운 미래의 계획된 일을 표현한 경우예요.

패턴 2 **I'm _____ing** 저는 (언제) ~할 거예요

I'm -ing와 미래의 시간을 나타내는 말이 함께 쓰이면, '(시간)에 ~할 것이다'라는 미래
를 나타내는 표현이 돼요. 부정은 I'm not -ing((시간)에 ~하지 않을 거다)로 말해요.

A 패턴과 패턴의 대화를 읽으며 역할극하세요. 🎧

1 언제 돌아올 것인가요?
다음 달에 돌아올 거예요.

When are you coming back?
I'm coming back next month.

2 언제 그 놀이공원에 갈 거야?
이번 주에 그 공원에 갈 거야.

When are you going to the amusement park?
I'm going to the park this week.

🎧 | 1 | 2 | 3 | 4 | 5 | 숙련도 | 20 | 40 | 60 | 80 | 100 | %

B 패턴을 넣어 대화를 완성하고 역할극하세요. ⑥

1 언제 휴가를 갈 건가요?
나는 다음 주에 휴가를 갈 거예요.

😀 ⬜ taking a vacation?

😊 ⬜ taking a vacation next week.

2 언제 그 시험을 치를 건가요?
나는 시험을 내일 치를 거예요.

😀 ⬜ taking the exam?

😊 ⬜ taking the exam tomorrow.

3 언제 서울을 떠날 건가요?
나는 3일 안에는 서울을 떠날 거예요.

😀 ⬜ leaving Seoul?

😊 ⬜ leaving Seoul in 3 days.

C 주어진 말을 이용하여 대화를 완성하고 역할극하세요.

| move in 이사를 들어가다 | next year 내년(에) |
| start 시작하다 | business 사업 | within a year 1년 이내에 |

1 언제 이사를 들어가나요?
내년에 이사를 들어갈 거예요.

😀 ➡

😊 ➡

2 언제 당신의 사업을 시작하나요?
1년 이내에는 사업을 시작할 예정이에요.

😀 ➡

😊 ➡

1 When are you moving in? / I'm moving in next year.
2 When are you starting your business? / I'm starting my business within a year.

Where is the best place to _____?

The best place to _____ is _____

패턴 1 **Where is the best place to _____?** 어디가 ~하기 가장 좋은 장소인가요?
장소를 묻는 의문사 where를 이용하여 Where is the best place to ~?라고 하면 '어디가 ~하기 가장 좋을 장소인가요?'라고 묻는 표현이에요. to 뒤에는 동사원형을 써요.

패턴 2 **The best place to _____ is _____** ~하기 가장 좋은 장소는 …이에요
The best place to ~ is …는 '~하기 최고의 장소는 …이다'라는 말이에요. is 앞까지가 주어예요. '~ 아니다'라는 부정의 의미는 is 뒤에 not을 써서 표현할 수 있어요.

A 패턴과 패턴의 대화를 읽으며 역할극하세요. 🎧

1
차를 마시기에 가장 좋은 장소는 어디인가요?
차를 마시기에 가장 좋은 장소는 그 카페예요.

Where is the best place to have tea?
The best place to have tea **is** the cafe.

2
어디가 방문하기에 최고의 장소니?
방문하기에 최고의 장소는 그 도시야.

Where is the best place to visit?
The best place to visit **is** the city.

🎧 1 2 3 4 5 숙련도 20 40 60 80 100 %

B 패턴을 넣어 대화를 완성하고 역할극하세요. 🎧

1 어디가 살기에 가장 좋은 장소인가요?
살기 가장 좋은 장소는 서울이에요.

😮 _____ live?

😊 _____ live _____ Seoul.

2 어디가 경기를 보기에 최고의 장소인가요?
경기를 보기에 최고의 장소는 여기예요.

😮 _____ watch a game?

😊 _____ watch a game _____ here.

3 어디가 머물기에 최고의 장소인가요?
머물기에 최고의 장소는 게스트 하우스예요.

😮 _____ stay?

😊 _____ stay _____ a guest house.

C 주어진 말을 이용하여 대화를 완성하고 역할극하세요.

| have lunch 점심을 먹다 | travel 여행하다 | Jeju Island 제주도 |

1 점심을 먹기에 최고의 장소는 어디인가요?
점심을 먹기에 최고의 장소는 Joe's예요.

😮 ⇒ _____

😊 ⇒ _____

2 여행하기 가장 좋은 장소는 어디인가요?
여행하기 가장 좋은 장소는 제주도예요.

😮 ⇒ _____

😊 ⇒ _____

1 Where is the best place to have lunch? / The best place to have lunch is Joe's.
2 Where is the best place to travel? / The best place to travel is Jeju Island.

ROLE PLAY WITH PATTERNS
040 얼마나 오래 할지 묻고 답하기

패턴 1 How long will you _____? 얼마나 오래 ~할 건가요?

How long은 '얼마나 오래', will은 미래(~할 것이다)를 나타내는 조동사예요. How long will you ~ 뒤에 동사원형을 쓰면 '얼마나 오래 ~할 건가요?'라고 묻는 표현이 돼요.

패턴 2 I will _____ for _____ (시간) 동안 ~할 거예요

'(시간) 동안 ~할 것이다'라는 말은 기간을 나타내는 전치사 for(~ 동안)를 써서 〈I will ~ for + 시간〉으로 해요. '~하지 않을 것이다'라는 말은 won't[will not]를 이용해요.

A 패턴과 패턴의 대화를 읽으며 역할극하세요. 🎧

1 얼마나 오래 거기 머물 건가요?
나는 오랫동안 거기 머물 거예요.

How long will you stay there?
I will stay there **for** long.

2 그 게임 얼마나 오래 볼 거야?
그걸 한 시간 넘게 볼 거예요.

How long will you watch the game?
I will watch it **for** over an hour.

120   🎧 1 2 3 4 5   수련도 20 40 60 80 100 %

B 패턴을 넣어 대화를 완성하고 역할극하세요. 🔊

1 시내에 얼마나 계실 건가요?
저는 여기에 몇 시간 있을 거예요.

😮 [   ] be in town?

🙂 [   ] be here [   ] a couple of hours.

2 얼마나 가 있을 거예요?
저는 한 달간 가 있을 거예요.

😮 [   ] be gone?

🙂 [   ] be gone [   ] a month.

3 얼마나 오래 운동을 할 건가요?
대략 한 시간 동안 운동을 할 거예요.

😮 [   ] exercise?

🙂 [   ] exercise [   ] about an hour.

C 주어진 말을 이용하여 대화를 완성하고 역할극하세요.

> be in the hospital 병원에 있다, 입원하다
> be at work 일하다   for another hour 한 시간 더

1 얼마나 오래 병원에 계실 건가요?
여기 이틀 동안 있을 거예요.

😮 ⇒

🙂 ⇒

2 얼마나 오래 일하실 건가요?
여기 한 시간 더 있을 거예요.

😮 ⇒

🙂 ⇒

1 How long will you be in the hospital? / I will be here for two days.
2 How long will you be at work? / I will be here for another hour.

121

1 언제 돌아올 것인가요? (* 진행형으로 미래 표현)
다음 달에 돌아올 거예요.

Ⓐ   coming back?

Ⓑ   back next month.

2 보기에 너무 지루한가요?
보기에 너무 지루하지는 않아요.

Ⓐ   boring   watch?

Ⓑ   boring   watch.

3 물어보고 싶은 게 정확히 무엇인가요?
제가 물어보고 싶은 건 바로 당신의 의견이에요.

Ⓐ   want to ask?

Ⓑ   your opinion   want to ask.

4 가난한 사람들을 돕는 가장 좋은 방법이 뭔가요?
가난한 사람들을 돕는 가장 좋은 방법은 기부하는 거예요.

Ⓐ   help the poor?

Ⓑ   help the poor   donate.

정답 **1** When are you / I'm coming   **2** Is it too, to / It's not too, to
3 What is it that you / It is, that I   **4** What is the best way to / The best way to, is to

122

5 얼마나 오래 거기 머물 건가요?
나는 오랫동안 거기 머물 거예요.

Ⓐ   stay there?
Ⓑ   stay there   long.

6 무엇을 삭제하고 싶어? (would)
나는 불필요한 파일들을 좀 삭제하고 싶어.

Ⓐ   delete?
Ⓑ   delete some unnecessary files.

7 어디가 방문하기에 최고의 장소니?
방문하기에 최고의 장소는 그 도시야.

Ⓐ   visit?
Ⓑ   visit   the city.

8 그가 몰랐다는 게 무슨 말이에요?
내 말은 아무도 그에게 진실을 말하지 않았다는 거야.

Ⓐ   he didn't know?
Ⓑ   nobody told him the truth.

정답 **5** How long will you / I will, for **6** What would you like to / I would like to
7 Where is the best place to / The best place to, is **8** What do you mean / I mean

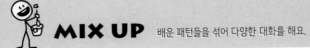

1 네 다리가 부러졌다는 게 무슨 말이야?
부러진 건 내 팔이에요.

Ⓐ   you broke your leg?

Ⓑ   my arm   I broke.

2 이걸 먹는 가장 좋은 방법은 뭐예요?
당신은 국물을 먼저 맛봐야 해요.

Ⓐ   eat this?

Ⓑ   taste the soup first.

3 이제 뭘 하고 싶으신가요? (would)
어디가 방문하기 제일 좋은 곳인가요?

Ⓐ   do now?

Ⓑ   visit?

4 그건 읽기에 너무 지루한가요?
내가 읽기 원했던 것이 바로 이 책이에요.

Ⓐ   boring   read?

Ⓑ   this book   I wanted to read.

정답 **1** What do you mean / It's, that **2** What is the best way to / You should
3 What would you like to / Where is the best place to **4** Is it too, to / It is, that

5 그 장소를 찾기가 너무 어렵지는 않아요.
거기에 가는 제일 좋은 방법은 뭐죠?

Ⓐ   hard   find the place.

Ⓑ   get there?

6 제가 떠나기 전에 뭘 해야 할까요?
당신은 언제 떠납니까? (* 진행형으로 미래 표현)

Ⓐ   do before I leave?

Ⓑ   leaving?

7 제가 언제 그들을 만날 수 있나요?
당신이 하기 원하는 게 도대체 뭐예요?

Ⓐ   meet them?

Ⓑ   want?

8 당신은 집에 있는 게 좋겠어요.
좋겠다는 게 무슨 의미예요?

Ⓐ   stay home.

Ⓑ   I should?

정답 **5** It's not too, to / What is the best way to   **6** What should I / When are you
7 When can I / What is it that you   **8** You should / What do you mean

PART II
다른 패턴으로 말하고 답하기
001 ~ 080

하나의 패턴으로 말하고,
또 다른 패턴으로 답하며 대화하세요.

이제 질문을 반복하는 단계를 지나,
자연스럽게 대화를 주고받는 단계입니다.

실제 대화 상황을 전제로
상대방과 대화를 주고받듯이 역할극(Role Play)하면서,
원어민이 가장 많이 쓰는 영어회화 패턴을 훈련합니다.

패턴과 패턴으로 대화하면서
진짜 자연스러운 영어회화가 가능해집니다.

Audio Clip   MP3 Down

I'm sorry for _____

Don't worry about _____

패턴 1 I'm sorry for _____ ~에 대해 미안해요

I'm[I am] sorry는 '미안하다, 죄송하다'라는 뜻으로 for(~에 대해) 뒤에 무엇이 미안한
지를 말해요. for는 전치사로 뒤에는 명사나 동명사(-ing)를 써요.

패턴 2 Don't worry about _____ ~에 대해 걱정하지 마세요

미안하다(sorry)는 말에 대해 That's okay.(괜찮다)라는 답을 해도 좋지만, 걱정하지
말라(Don't worry)고 답할 수도 있어요.

A 패턴과 패턴의 대화를 읽으며 역할극하세요. 🎧

1
늦게 온 것에 대해 미안해요.
늦은 것에 대해 걱정하지 마세요.

I'm sorry for coming late.
Don't worry about being late.

2
네 우산을 가져가서 미안해.
그것을 가져간 것에 대해서 걱정하지 마.

I'm sorry for taking your umbrella.
Don't worry about taking it.

B 패턴을 넣어 대화를 완성하고 역할극하세요. ⑥

1
당신에게 전화해서 미안해요.
저에게 전화한 것에 대해 걱정 마세요.

☺   calling you.

☺   calling me.

2
일찍 떠나게 되어 미안해.
일찍 떠나는 것에 대해 걱정 마.

☺   leaving early.

☺   leaving early.

3
당신을 화나게 해서 미안해요.
나에 대해서 걱정하지 마세요.

☺   making you mad.

☺   me.

C 주어진 말을 이용하여 대화를 완성하고 역할극하세요.

---

drop 떨어뜨리다 – dropping   the chairs 그 의자들   break 부수다

1
당신의 가방을 떨어뜨려 미안해요.
제 가방에 대해서 걱정하지 마세요.

☺ ➡

☺ ➡

2
그 의자들을 부숴서 죄송해요.
그 의자들에 대해 걱정 마.

☺ ➡

☺ ➡

1 I'm sorry for dropping your bag. / Don't worry about my bag.
2 I'm sorry for breaking the chairs. / Don't worry about the chairs.

패턴 1 **Is it alright to _____?** ~해도 괜찮나요?

alright은 '괜찮은'이라는 뜻이에요. to 뒤의 말(~하다)이 문장의 진(짜)주어이며 it은 가(짜)주어예요. 따라서 '~해도 괜찮나요?'라는 의미가 돼요.

패턴 2 **It doesn't matter _____** 그것은 중요하지[문제가 되지] 않아요

matter는 명사로 '문제'라는 뜻이지만 동사일 때는 '중요하다, 문제가 되다'라는 의미예요. It doesn't matter라고 하면 '그것은 중요하지[문제가 되지] 않아요'라는 말이에요.

A 패턴과 패턴의 대화를 읽으며 역할극하세요. 🔊

1

여기에 앉아도 괜찮나요?
그것은 나에게 중요하지 않아요.

Is it alright to sit here?
It doesn't matter to me.

2

제 강아지를 데려가도 괜찮을까요?
그건 여기 누구에게도 문제가 되지 않아요.

Is it alright to bring my puppy?
It doesn't matter to anyone here.

🔊 | 1 | 2 | 3 | 4 | 5 | 숙련도 | 20 | 40 | 60 | 80 | 100 | %

B 패턴을 넣어 대화를 완성하고 역할극하세요. ⑥

1
이거 가져도 괜찮나요?
그건 우리에게 중요하지 않아요.

(😎) _____ have this?

(🙂) _____ to us.

2
그를 깨워도 괜찮나요?
그건 전혀 문제가 되지 않아요.

(😎) _____ wake him up?

(🙂) _____ at all.

3
그 상자를 열어도 괜찮을까?
그건 상관없어.

(😎) _____ open the box?

(🙂) _____.

C 주어진 말을 이용하여 대화를 완성하고 역할극하세요.

in the corner 구석에	put 놓다	anyone 누구, 아무
a calculator 계산기	use 사용하다	any more 더 이상

1
이거 구석에 놓아도 괜찮나요?
그건 누구에게도 문제가 되지 않아요.

(😎) ➡

(🙂) ➡

2
지금 계산기를 사용해도 괜찮을까요?
그건 더 이상 문제가 되지 않아요.

(😎) ➡

(🙂) ➡

1 Is it alright to put this in the corner? / It doesn't matter to anyone.
2 Is it alright to use a calculator now? / It doesn't matter any more.

ROLE PLAY WITH PATTERNS
기대와 바람 말하기

I'm looking forward to _____

I hope you _____

패턴1 **I'm looking forward to _____** ~을 학수고대하고 있어요

look forward to는 '앞쪽으로(forward) 보다(look)'라는 의미에서 앞에 '어떤 일이 일어나기를 학수고대하다'라는 표현이 되었어요. 전치사 to 뒤에 명사, 동명사(-ing)를 써요.

패턴2 **I hope you _____** 당신이 ~하기를 바랍니다

I hope (that) you ~는 '당신이 ~하기를 바랍니다'라는 표현이에요. 이때 that은 생략 가능하고, 그 뒤에는 〈you + 동사〉로 시작하는 문장을 써요.

A 패턴과 패턴의 대화를 읽으며 역할극하세요. 🎧

1
그 비디오 보는 것을 학수고대하고 있어요.
그걸 즐기길 바랄게요.

I'm looking forward to seeing the video.
I hope you enjoy it.

2
핼러윈 파티가 너무 기대돼.
그날 재미있게 보내기를 바랄게.

I'm looking forward to the Halloween party.
I hope you have fun that day.

🎧 1 2 3 4 5 숙련도 20 40 60 80 100 %

B 패턴을 넣어 대화를 완성하고 역할극하세요. ⑥

1 그들을 방문하는 것을 학수고대하고 있어요.
거기서 좋은 시간을 보내길 바랍니다.

😈 _____ visiting them.

🙂 _____ have a good time there.

2 그 시험을 보는 게 정말 기대돼요.
그 시험에 통과하길 바랄게요.

😈 _____ taking the exam.

🙂 _____ pass the exam.

3 이번 주말을 학수고대하고 있어.
내 계획이 맘에 들기를 바라.

😈 _____ this weekend.

🙂 _____ like my plan.

C 주어진 말을 이용하여 대화를 완성하고 역할극하세요.

> hear from ~의 소식을 듣다   soon 곧
> move to Canada 캐나다로 이사 가다   enjoy your life 당신의 인생을 즐기다

1 그에게서 소식을 듣기를 학수고대하고 있어.
그에게서 곧 소식을 듣기를 바랄게.

😈 ➡ _____

🙂 ➡ _____

2 캐나다로 이사 가는 게 너무 기대돼요.
저는 거기서 당신이 당신의 인생을 즐기길 바랍니다.

😈 ➡ _____

🙂 ➡ _____

1 I'm looking forward to hearing from him. / I hope you hear from him soon.
2 I'm looking forward to moving to Canada. / I hope you enjoy your life there.

Is there any _____?

I'll ask _____ if there is any

(패턴1) **Is there any _____?** ~이 좀 있나요?
'~이 있다'라는 의미의 〈There + is〉를 의문문 Is there any ~?로 바꾸어 말하면 '~이 좀 있나요?'라는 표현이에요. 동사가 Is이므로 any 다음에는 단수 명사를 써요.

(패턴2) **I'll ask _____ if there is any** 좀 있는지 ~에게 물어볼게요
I'll ask는 '내가 물어볼게요'라는 말로, ask 다음에 물어볼 사람이 와요. if there is any는 '좀 있는지'라는 뜻의 표현이에요.

A 패턴과 패턴의 대화를 읽으며 역할극하세요. ⑧

1   테이블이 좀 있나요?
     좀 있는지 그에게 물어볼게요.

   Is there any table?
     I'll ask him **if there is any.**

2   피자 남은 거 좀 있어?
     좀 있는지 엄마에게 물어볼게.

   Is there any pizza left?
     I'll ask Mom **if there is any.**

⑧ | 1 | 2 | 3 | 4 | 5 | 숙련도 | 20 | 40 | 60 | 80 | 100 | %

B 패턴을 넣어 대화를 완성하고 역할극하세요. ⑥

1
의자 남는 거 좀 있나요?
좀 있는지 매니저에게 물어볼게요.

😃 [   ] chair left?

🙂 [   ] the manager [   ].

2
저를 위한 공간이 좀 있나요?
좀 있는지 아빠에게 물어볼게요.

😃 [   ] room for me?

🙂 [   ] my daddy [   ].

3
문제가 좀 있나요?
있는지 그들에게 물어볼게요.

😃 [   ] problem?

🙂 [   ] them [   ].

C 주어진 말을 이용하여 대화를 완성하고 역할극하세요.

> ticket 표   the ticket agent 매표 직원
> news for the company 그 회사를 위한 소식   my co-worker 내 동료

1
표가 좀 있나요?
있는지 매표 직원에게 물어볼게요.

😃 ⇒

🙂 ⇒

2
그 회사를 위한 소식이 좀 있나요?
있는지 내 동료에게 물어볼게요.

😃 ⇒

🙂 ⇒

1 Is there any ticket? / I'll ask the ticket agent if there is any.
2 Is there any news for the company? / I'll ask my co-worker if there is any.

135

Is it possible to _____?

It depends on _____

[패턴1] **Is it possible to _____?** ~하는 것이 가능한가요?
possible은 '가능한'이라는 뜻이고, to 뒤의 말이 문장의 진(짜)주어이며 it은 가(짜)주어예요. 따라서 Is it possible to ~?는 '~하는 것이 가능한가요?'라고 묻는 표현이에요.

[패턴2] **It depends on _____** 그건 ~에 달려 있어요
depend는 '의존하다'로, It depends on은 '그것은 ~에 달려 있어요'라는 표현이 돼요. 전치사 on 뒤에는 명사, 동명사(-ing), 명사구, 명사절 등을 써요.

A 패턴과 패턴의 대화를 읽으며 역할극하세요. 🎧

1
테이블을 예약하는 것이 가능한가요?
그건 일주일 중 무슨 요일인지에 달려 있어요.

Is it possible to book a table?
It depends on which day of the week.

2
그 회의를 미루는 게 가능한가요?
그건 그 임원에게 달려 있어요.

Is it possible to postpone the meeting?
It depends on the director.

🎧 1 2 3 4 5 수련도 20 40 60 80 100 %

1 지금 출발하는 게 가능한가요?
그건 당신에게 달려 있어요.

(◔) [   ] leave now?

(☺) [   ] you.

2 할인을 받는 게 가능한가요?
그건 당신의 나이에 달려 있어요.

(◔) [   ] get a discount?

(☺) [   ] your age.

3 그와 이야기 나누는 게 가능한가요?
그건 그게 얼마나 걸릴지에 달려 있어요.

(◔) [   ] have a word with him?

(☺) [   ] how long it will take.

C 주어진 말을 이용하여 대화를 완성하고 역할극하세요.

see a doctor 의사의 진찰을 받다	what time of the day 하루 중 몇 시	
a magazine 잡지 borrow 빌리다	which magazine 어느 잡지	

1 의사의 진찰을 받는 게 가능한가요?
그건 하루 중 몇 시인지에 달려 있어요.

(◔) ⇒ [   ]

(☺) ⇒ [   ]

2 잡지를 빌리는 게 가능한가요?
그건 어느 잡지냐에 달려 있어요.

(◔) ⇒ [   ]

(☺) ⇒ [   ]

1 Is it possible to see a doctor? / It depends on what time of the day.
2 Is it possible to borrow a magazine? / It depends on which magazine.

How about _____?

That sounds _____

패턴 1 **How about _____?** ~은[하는 게] 어때요?

How about ~?은 '~은[하는 게] 어때?'라는 뜻으로 의향을 묻는 표현이에요. What about ~?도 같은 의미로 둘 다 빈번하게 사용해요. about 뒤에는 명사, 동명사가 와요.

패턴 2 **That sounds _____** ~인 것처럼 들려요, ~인 것 같아요

sound는 '~인 것 같다, ~처럼 들리다'라는 뜻의 동사예요. That sounds 다음에 형용사를 넣어 상대방이 한 말이 '~하게 들린다', 즉 '그거 ~인 것 같다'라고 말할 수 있어요.

A 패턴과 패턴의 대화를 읽으며 역할극하세요. 🎧

1　네 사촌을 초대하는 게 어떨까?
　　그거 굉장히 좋은 것 같아요.

　How about inviting your cousin?
　　That sounds great.

2　영화 보는 게 어떨까?
　　그거 재미있을 것 같아.

　How about seeing a movie?
　　That sounds interesting.

🎧 | 1 | 2 | 3 | 4 | 5 | 숙련도 | 20 | 40 | 60 | 80 | 100 | %

1 커피 좀 어떨까요?
좋은 것 같아요.

⑥ _____ some coffee?

☺ _____ good.

2 부산에 가는 게 어떨까요?
흥미진진하게 들려요.

⑥ _____ going to Busan?

☺ _____ exciting.

3 집에 있는 게 어떨까요?
지루할 것 같아요.

⑥ _____ staying home?

☺ _____ boring.

C 주어진 말을 이용하여 대화를 완성하고 역할극하세요.

> a break 휴식   fine 괜찮은
> eat out 외식하다   tonight 오늘 밤   awesome 아주 좋은

1 좀 쉬는 게 어때?
그거 괜찮은 것 같네.

⑥ ➡ _____

☺ ➡ _____

2 오늘 밤 외식하는 게 어떨까요?
아주 좋은 것 같아요.

⑥ ➡ _____

☺ ➡ _____

1 How about a break? / That sounds fine.
2 How about eating out tonight? / That sounds awesome.

139

I'm allergic to _____

You shouldn't _____

패턴 1 **I'm allergic to _____** 나는 ~에 알레르기가 있어요

allergic은 '~에 알레르기[이상 반응]가 있는'이라는 단어로 I'm allergic to ~라고 하면 '나는 ~에 알레르기 있다'라는 표현이에요. to 뒤에 알레르기를 일으키는 대상을 써요.

패턴 2 **You shouldn't _____** ~하지 않는 게 좋겠어요

You should ~는 '~해야 한다'라는 의미이며, should에 not를 붙여 You shouldn't로 쓰면 '~하지 말아야 한다, ~하지 않는 편이 좋겠다'라는 표현이 돼요.

A 패턴과 패턴의 대화를 읽으며 역할극하세요. 🎧

1

저는 오렌지에 알레르기가 있어요.
이 샐러드를 먹지 않는 게 좋겠어요.

I'm allergic to oranges.
You shouldn't have this salad.

2

나는 달걀 알레르기가 있어요.
이 오믈렛을 먹지 않는 게 좋겠네요.

I'm allergic to eggs.
You shouldn't have this omelette.

🎧 1 2 3 4 5 숙련도 20 40 60 80 100 %

B 패턴을 넣어 대화를 완성하고 역할극하세요. ⑥

1 저는 견과류 알레르기가 있어요.
이 과자를 먹지 않는 게 좋겠어요.

⑥   nuts.

☺   eat this snack.

2 나는 꽃가루에 알레르기가 있어.
지금 나가지 않는 게 좋겠어.

⑥   pollen.

☺   go out now.

3 나는 고양이 알레르기가 있어요.
그 방으로 가지 않는 게 좋겠어요.

⑥   cats.

☺   go into the room.

C 주어진 말을 이용하여 대화를 완성하고 역할극하세요.

milk 우유	ice cream 아이스크림	eat 먹다
dust 먼지	the window 창문	open 열다

1 나는 우유 알레르기가 있어.
이 아이스크림을 먹지 않는 게 좋겠어.

⑥ ➡

☺ ➡

2 나는 먼지 알레르기가 있어요.
창문을 열지 않는 편이 좋겠어요.

⑥ ➡

☺ ➡

1 I'm allergic to milk. / You shouldn't eat this ice cream.
2 I'm allergic to dust. / You shouldn't open the window.

> Why don't you _____?

> I can't afford to _____

패턴 1 Why don't you _____? ~하는 게 어때요?

Why don't you ~?는 '왜 ~하지 않나요?'라는 의미에서 '~하는 게 어때요?'라고 제안하거나 권유하는 표현이 되었어요.

패턴 2 I can't afford to _____ ~할 형편이 안 돼요

afford는 '여유나 형편이 되다'라는 뜻이에요. I can't afford to ~는 '~할 여유가 없어요, 형편이 안 돼요'라는 표현으로 to 다음에 동사원형을 써요.

A 패턴과 패턴의 대화를 읽으며 역할극하세요. 🎧

1
차를 사는 게 어때요?
하나 살 형편이 안 돼요.

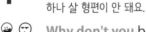
Why don't you buy a car?
I can't afford to have one.

2
신형 스마트폰을 사는 게 어때?
그렇게 많이 지불할 형편이 안 돼.

Why don't you buy a new smartphone?
I can't afford to pay that much.

B 패턴을 넣어 대화를 완성하고 역할극하세요. 🔊

1
낮잠을 자는 게 어때요?
휴식을 취할 형편이 안 돼요.

😃 _____ take a nap?

😩 _____ take a rest.

2
그녀를 보러 가는 게 어때?
시간을 낭비할 여유가 없어.

😃 _____ go see her?

😩 _____ waste any time.

3
자전거를 마련하는 게 어때요?
돈을 쓸 형편이 안 돼요.

😃 _____ get a bike?

😩 _____ spend money.

C 주어진 말을 이용하여 대화를 완성하고 역할극하세요.

> take a walk 산책하다   lose time 시간을 낭비하다
> go on a holiday 휴가를 가다   relax 느긋하게 쉬다

1
산책을 하는 게 어때요?
시간을 낭비할 여유가 없어요.

😃 ➡ _____

😩 ➡ _____

2
휴가 가는 게 어때요?
느긋하게 쉴 형편이 안 돼요.

😃 ➡ _____

😩 ➡ _____

1 Why don't you take a walk? / I can't afford to lose time.
2 Why don't you go on a holiday? / I can't afford to relax.

009 ROLE PLAY WITH PATTERNS 권고를 듣지 않은 이유 대기

패턴1 I told you not to _____ ~하지 말라고 했잖아요

I told you to ~는 '~하라고 네게 말했다'라는 의미예요. 이때 to부정사(to + 동사원형) 앞에 not을 붙여 I told you not to ~가 되면 '~하지 말라고 말했다'라는 표현이 돼요.

패턴2 I'm sorry but _____ 미안하지만, ~

I'm sorry는 '미안하다, 유감이다'라는 의미예요. 그 뒤에 but으로 시작하는 문장이 이어지면 미안하지만 어쩔 수 없는 상황이 있었다는 표현이 돼요.

A 패턴과 패턴의 대화를 읽으며 역할극하세요. 🎧

1 제가 당신에게 창문을 닫지 말라고 했잖아요.
미안하지만, 밖이 너무 시끄러워요.

I told you not to close the window.
I'm sorry but it's too noisy outside.

2 밤새지 말라고 말했잖아.
미안하지만, 할 일이 많았어요.

I told you not to stay up all night.
I'm sorry but I had much to do.

B 패턴을 넣어 대화를 완성하고 역할극하세요. ⑥

1
커피를 들고 버스 타지 말라고 말했잖아.
미안하지만, 그래야만 했어.

☹   take a bus with coffee.

😊   I had to.

2
그 불은 끄지 말라고 말했잖아요.
미안하지만, 여기는 충분히 밝아요.

☹   turn off the light.

😊   it's bright enough here.

3
나가지 말라고 말했잖아요.
미안하지만, 회의가 있어요.

☹   go out.

😊   I have a meeting.

C 주어진 말을 이용하여 대화를 완성하고 역할극하세요.

> cold water 찬물   drink 마시다   too thirsty 목이 너무 마른
> be late 지각하다   a traffic jam 교통 체증   there was ~이 있었다

1
찬물은 마시지 말라고 말했잖아.
미안하지만, 목이 너무 말랐어요.

☹ ➡

😊 ➡

2
지각하지 말라고 말했잖아요.
미안하지만, 교통 체증이 있었어요.

☹ ➡

😊 ➡

1 I told you not to drink cold water. / I'm sorry but I was too thirsty.
2 I told you not to be late. / I'm sorry but there was a traffic jam.

(패턴1) **Can I _____?** 내가 ~해도 되나요?

Can I ~?는 '내가 ~할 수 있을까, ~해도 괜찮을까?'라는 의미의 표현이에요. 조동사 Can으로 시작하는 질문이므로 주어 I 다음에는 동사원형을 써요.

(패턴2) **You're not allowed to _____** ~하는 것은 금지예요

allow to ~는 '~을 허락하다'라는 의미예요. You're not allowed to ~는 수동태 부정문으로 '~하는 것은 허락되지 않는다', 즉 '~하는 것은 금지되어 있다'라는 표현이 돼요.

A 패턴과 패턴의 대화를 읽으며 역할극하세요. 🎧

1
제가 사진을 찍어도 되나요?
여기에서 사진을 찍는 것은 금지입니다.

Can I take a picture?
You're not allowed to take a picture here.

2
노래를 불러도 될까요?
소음을 내는 것은 금지되어 있습니다.

Can I sing a song?
You're not allowed to make noise.

B 패턴을 넣어 대화를 완성하고 역할극하세요. ⑥

1 제가 들어가도 되나요?
안으로 들어가는 것은 금지되어 있습니다.

😊 [   ] go in?

😐 [   ] go inside.

2 제가 질문을 좀 해도 되나요?
지금 말하는 것은 금지예요.

😊 [   ] ask some questions?

😐 [   ] speak now.

3 내가 이걸 빌려도 되니?
그것을 사용하는 것은 금지되어 있어.

😊 [   ] borrow this?

😐 [   ] use it.

C 주어진 말을 이용하여 대화를 완성하고 역할극하세요.

| here 여기에 park 주차하다 |
| shorts 반바지 wear 입다 casual clothes 격식 없는 옷, 평상복 |

1 여기에 주차해도 되나요?
여기에 주차하는 것은 금지되어 있습니다.

😊 ⇒ [   ]

😐 ⇒ [   ]

2 반바지를 입어도 되나요?
평상복을 입는 것은 금지되어 있습니다.

😊 ⇒ [   ]

😐 ⇒ [   ]

1 Can I park here? / You're not allowed to park here.
2 Can I wear shorts? / You're not allowed to wear casual clothes.

REVIEW

배운 패턴들을 복습하세요.

1 피자 남은 거 좀 있어?
좀 있는지 엄마에게 물어볼게.

A   pizza left?

B   Mom   .

2 제가 당신에게 창문을 닫지 말라고 했잖아요.
미안하지만, 밖이 너무 시끄러워요.

A   close the window.

B   it's too noisy outside.

3 신형 스마트폰을 사는 게 어때? (왜 안 사니?)
그렇게 많이 지불할 형편이 안 돼.

A   buy a new smartphone?

B   pay that much.

4 테이블을 예약하는 것이 가능한가요?
그건 일주일 중 무슨 요일인지에 달려 있어요.

A   book a table?

B   which day of the week.

정답 **1** Is there any / I'll ask, if there is any **2** I told you not to / I'm sorry but
3 Why don't you / I can't afford to **4** Is it possible to / It depends on

5 제 강아지를 데려가도 괜찮을까요?
그건 여기 누구에게도 문제가 되지 않아요.

Ⓐ _____ to bring my puppy?
Ⓑ _____ to anyone here.

6 늦게 온 것에 대해 미안해요.
늦은 것에 대해 걱정하지 마세요.

Ⓐ _____ coming late.
Ⓑ _____ being late.

7 제가 사진을 찍어도 되나요?
여기에서 사진을 찍는 것은 금지입니다.

Ⓐ _____ take a picture?
Ⓑ _____ take a picture here.

8 그 비디오 보는 것을 학수고대하고 있어요.
그걸 즐기길 바랄게요.

Ⓐ _____ seeing the video.
Ⓑ _____ enjoy it.

정답 **5** Is it alright / It doesn't matter **6** I'm sorry for / Don't worry about
7 Can I / You're not allowed to **8** I'm looking forward to / I hope you

149

1 지금 그에게 이야기하는 것이 괜찮을까요?
미안하지만, 그는 바빠요.

Ⓐ   talk to him now?

Ⓑ   he is busy.

2 게임하는 건 어떨까요? (how)
내가 게임하지 말라고 했지.

Ⓐ   playing a game?

Ⓑ   play a game.

3 여기서 펜을 사는 것이 가능한가요?
좀 있는지 매니저에게 물어볼게요.

Ⓐ   to buy a pen here?

Ⓑ   the manager   .

4 콘서트에 가는 게 어때? (왜 콘서트에 안 가는 거야?)
그거 재미있을 것 같네.

Ⓐ   go to the concert?

Ⓑ   fun.

정답 **1** Is it alright to / I'm sorry but   **2** How about / I told you not to
3 Is it possible / I'll ask, if there is any   **4** Why don't you / That sounds

5 그녀에게 전화를 해서 죄송해요.
그건 저에게 중요하지 않아요.

Ⓐ ⬚⬚⬚⬚⬚⬚ calling her.
Ⓑ ⬚⬚⬚⬚⬚⬚ to me.

6 그를 본다는 게 너무 기대돼요.
제가 합류할 수 있나요?

Ⓐ ⬚⬚⬚⬚⬚⬚ seeing him.
Ⓑ ⬚⬚⬚⬚⬚⬚ join?

7 당신이 그 음식을 좋아하길 바라요.
제가 사용할 수 있는 여분이 접시가 있나요?

Ⓐ ⬚⬚⬚⬚⬚⬚ like the food.
Ⓑ ⬚⬚⬚⬚⬚⬚ extra dish I can use?

8 저걸 살 여유가 없어요.
돈은 걱정하지 마세요.

Ⓐ ⬚⬚⬚⬚⬚⬚ buy that.
Ⓑ ⬚⬚⬚⬚⬚⬚ the money.

정답 **5** I'm sorry for / It doesn't matter **6** I'm looking forward to / Can I
7 I hope you / Is there any **8** I can't afford to / Don't worry about

I'm not asking for _____

What is it that you _____?

패턴1 **I'm not asking for** _____ ~을 요청하고 있는 게 아니에요
ask for는 '~을 요구하다[청하다]'라는 의미로, I'm not asking for ~는 '내가 (지금) ~을 요구하고 있는 게 아니다'라는 표현이에요.

패턴2 **What is it that you** _____? 당신이 ~하는 게 정확히 뭔가요?
It is a letter that you want.(네가 원하는 건 바로 편지다.)와 같은 It is ~ that 강조구문에서 a letter를 무엇(what)으로 바꾸고 의문문으로 만든 표현이에요.

A 패턴과 패턴의 대화를 읽으며 역할극하세요. 🎧

1 나는 돈을 요구하고 있는 게 아니에요.
당신이 원하는 게 정확히 뭔가요?

I'm not asking for money.
What is it that you want?

2 정답을 요구하고 있는 게 아니에요.
당신이 묻는 게 정확히 뭐죠?

I'm not asking for an answer.
What is it that you ask?

🎧 | 1 | 2 | 3 | 4 | 5 | 숙련도 | 20 | 40 | 60 | 80 | 100 | %

B 패턴을 넣어 대화를 완성하고 역할극하세요. ⑥

1 당신의 도움을 요청하고 있는 게 아니에요.
당신이 요청하고 있는 게 정확히 무엇이죠?

☺   your help.

☺   are asking for?

2 추가 시간을 요청하고 있는 게 아니에요.
당신이 필요로 하는 게 정확히 무엇이죠?

☺   extra time.

☺   need?

3 설명을 요청하고 있는 게 아니에요.
당신이 얻고자 하는 것이 정확히 무엇이죠?

☺   any explanation.

☺   are trying to get?

C 주어진 말을 이용하여 대화를 완성하고 역할극하세요.

| permission 허락   want 원하다   a job 일자리   look for ~을 찾다 |

1 당신의 허락을 구하고 있는 게 아니에요.
당신이 원하는 게 정확히 뭐죠?

☺ ⇒

☺ ⇒

2 일자리를 요구하고 있는 게 아니에요.
당신이 찾고 있는 게 정확히 뭐죠?

☺ ⇒

☺ ⇒

1 I'm not asking for your permission. / What is it that you want?
2 I'm not asking for a job. / What is it that you are looking for?

153

012 기대와 의지 말하기

> I'd appreciate it if you _____
>
> I should be able to _____

패턴 1 **I'd appreciate it if you** _____ ~해 주시면 감사하겠어요

appreciate(감사하다)이 '가정(~한다면)'의 의미를 가진 could[would]와 함께 쓰면, 'if 이하의 일을 한다면 그것(it)을 감사해할 텐데요'라는 의미가 돼요.

패턴 2 **I should be able to** _____ 나는 ~할 수 있을 거예요

able은 '할 수 있는'이라는 형용사로 주로 be able to(~할 수 있다)로 써요. 그 앞에 should가 붙으면 '~할 수 있을 거예요'라는 강한 기대나 의지를 담은 표현이 돼요.

A 패턴과 패턴의 대화를 읽으며 역할극하세요. 🎧

1 일찍 와 주시면 감사하겠습니다.
제가 9시까지 올 수 있을 거예요.

I'd appreciate it if you could come early.
I should be able to come by 9.

2 TV를 꺼 주시면 감사하겠습니다.
곧 그것을 끌 수 있을 거예요.

I'd appreciate it if you could turn off the TV.
I should be able to turn it off soon.

🎧 | 1 | 2 | 3 | 4 | 5 | 숙련도 | 20 | 40 | 60 | 80 | 100 | %

1 전화해 주시면 감사하겠습니다.
오늘 나중에 전화할 수 있을 거예요.

😊   would call.

👶   call later today.

2 나를 도와주시면 감사하겠습니다.
나중에 당신을 도와줄 수 있을 거예요.

😊   could help me.

👶   help you later.

3 그걸 켜 주시면 감사하겠습니다.
곧 그것을 켤 수 있을 거예요.

😊   would turn it on.

👶   turn it on soon.

C 주어진 말을 이용하여 대화를 완성하고 역할극하세요.

tomorrow 내일	drop by 잠시 들르다
wait 기다리다	for an hour 한 시간 동안

1 내일 들러 주시면 감사하겠습니다.
잠시 들를 수 있을 거예요.

😊 ⇒

👶 ⇒

2 기다려 주시면 감사하겠습니다.
한 시간 동안 여기서 기다릴 수 있을 거예요.

😊 ⇒

👶 ⇒

1 I'd appreciate it if you would[could] drop by tomorrow. / I should be able to drop by.
2 I'd appreciate it if you could[would] wait. / I should be able to wait here for an hour.   **155**

Why are you _____ing?

I was asked to _____

패턴1 **Why are you _____ing?** 왜 ~하고 있나요?

Why are you -ing ~?은 '당신은 왜 ~하고 있나요?'라는 행동의 이유를 묻는 표현이에요. Why 의문사 의문문에 동사의 현재진행형(be + 동사-ing)이 결합한 형태예요.

패턴2 **I was asked to _____** ~하라는 요청을 받았어요

I ask somebody to ~는 '내가 누군가에게 ~해 달라고 부탁[요청]하다'라는 의미예요. 수동태인 I was asked to ~는 '~해 달라는 부탁을 받았다'라는 표현이 돼요.

A 패턴과 패턴의 대화를 읽으며 역할극하세요. 🎧

1
왜 여기 서 있나요?
여기서 기다리라는 요청을 받았어요.

Why are you stand**ing** here?
I was asked to wait here.

2
왜 그 방을 청소하고 있나요?
그걸 깨끗이 유지해 달라는 부탁을 받았어요.

Why are you clean**ing** the room?
I was asked to keep it clean.

1 왜 그 상자들을 옮기고 있나요?
그것들을 치우라는 요청을 받았어요.

😠 _____ moving the boxes?

🙂 _____ remove them.

2 왜 그 파일을 읽고 있나요?
정보를 좀 찾아보라는 요청을 받았어요.

😠 _____ reading the file?

🙂 _____ look for some information.

3 왜 당신의 물건들을 싸고 있나요?
곧 떠나라는 요청을 받았어요.

😠 _____ packing your stuff?

🙂 _____ leave soon.

C 주어진 말을 이용하여 대화를 완성하고 역할극하세요.

flowers 꽃   buy 사다   prepare some presents 선물을 좀 준비하다 go through ~을 뒤지다   something 어떤 것   look for ~을 찾다

1 왜 꽃을 사고 있나요?
선물을 좀 준비하라는 부탁을 받았어요.

😠 ➡

🙂 ➡

2 왜 그 상자들을 뒤지고 있나요?
어떤 걸 찾아 달라는 부탁을 받았어요.

😠 ➡

🙂 ➡

1 Why are you buying flowers? / I was asked to prepare some presents.
2 Why are you going through the boxes? / I was asked to look for something.

157

014 ROLE PLAY WITH PATTERNS
생긴 일에 대해 묻고 답하기

패턴 1 **What happened to _____?** ~에게 무슨 일이 생겼나요?

동사 happen(일어나다, 벌어지다)을 to와 함께 써서 What happened to ~?라고 말하면 '~에게 무슨 일이 생겼나요?'라는 표현이 돼요. to 뒤에는 일이 생긴 대상을 써요.

패턴 2 **All I know is that _____** 내가 아는 건 ~이라는 것뿐이에요

All I know는 '내가 아는 모든 것'이라는 의미로 문장의 주어이며 is가 동사예요. 그리고 that절이 is의 보어예요. that 다음에 자신이 아는 바를 넣어 말하면 돼요.

A 패턴과 패턴의 대화를 읽으며 역할극하세요. 🎧

1
제인에게 무슨 일이 생겼나요?
제가 아는 건 그녀가 기분이 좋지 않다는 것뿐이에요.

What happened to Jane?
All I know is that she isn't feeling good.

2
작년에 그 나라에 무슨 일이 생겼나요?
내가 아는 건 지진이 한 번 있었다는 것뿐이에요.

What happened to the country last year?
All I know is that there was an earthquake.

🎧 | 1 | 2 | 3 | 4 | 5 | 숙련도 | 20 | 40 | 60 | 80 | 100 | %

B 패턴을 넣어 대화를 완성하고 역할극하세요. ⑧

1
당신의 차에 무슨 일이 생겼나요?
내가 아는 것은 그게 출발하지 않는다는 것뿐이에요.

😤 _____ your car?

😃 _____ it won't start.

2
그 수업에 무슨 일이 생겼나요?
내가 아는 것은 그것이 취소되었다는 것뿐이에요.

😤 _____ the class?

😃 _____ it was cancelled.

3
당신의 오빠에게 무슨 일이 생겼나요?
내가 아는 것은 그가 그의 지갑을 잃어버렸다는 것뿐이에요.

😤 _____ your brother?

😃 _____ he lost his wallet.

C 주어진 말을 이용하여 대화를 완성하고 역할극하세요.

> the writer 그 작가   answer the phone 전화를 받다
> the company 그 회사   go bankrupt 파산하다 - went bankrupt 파산했다

1
그 작가에게 무슨 일이 생겼나요?
내가 아는 건 그가 전화를 받지 않는다는 것뿐이에요.

😤 ⇒

😃 ⇒

2
그 회사에 무슨 일이 생겼나요?
내가 아는 건 그것이 파산했다는 것뿐이에요.

😤 ⇒

😃 ⇒

1 What happened to the writer? / All I know is that he doesn't answer the phone.
2 What happened to the company? / All I know is that it went bankrupt.

159

ROLE PLAY WITH PATTERNS
하고 있는 일 묻고 답하기

What are you _____ing?

I'm just _____ing

(패턴1) What are you _____ing? 뭘 ~하고 있나요?

What are you -ing?는 동사의 현재진행형을 이용해서 '(지금) 뭘 ~하고 있니?'라고 묻는 표현이에요. 다양한 동사를 넣어서 연습해 보세요.

(패턴2) I'm just _____ing 그냥 ~하고 있어요

I'm just -ing는 동사의 현재진행형을 이용해서 What are you -ing? 질문에 답하는 표현으로 '나는 그냥 ~하는 중이다'라는 의미예요.

A 패턴과 패턴의 대화를 읽으며 역할극하세요. ⑥

1
뭘 보고 있나요?
그냥 내 옛날 사진들을 보고 있어요.

What are you look**ing** at?
I'm just look**ing** at my old pictures.

2
무엇에 대해 준비하고 있나요?
저는 그냥 면접을 준비하고 있어요.

What are you prepar**ing** for?
I'm just prepar**ing** for an interview.

---

⑥ | 1 | 2 | 3 | 4 | 5 | 숙련도 | 20 | 40 | 60 | 80 | 100 | %

1 뭘 하고 있나요?
저는 그냥 몇몇 문서들을 정리하고 있어요.

☺   doing?

☺   organizing some documents.

2 뭘 마시고 있니?
그냥 커피를 좀 마시고 있어.

☺   drinking?

☺   drinking some coffee.

3 뭘 읽고 있나요?
저는 그냥 몇몇 기사들을 읽고 있어요.

☺   reading?

☺   reading some articles.

C 주어진 말을 이용하여 대화를 완성하고 역할극하세요.

---

watch 보다   on TV 텔레비전으로   the news 뉴스
cook 요리하다   some pasta 약간의 파스타

---

1 텔레비전으로 뭘 보고 있니?
나는 그냥 뉴스를 보는 중이야.

☺ ➡

☺ ➡

2 뭘 요리하고 있나요?
저는 그냥 파스타를 좀 요리하고 있어요.

☺ ➡

☺ ➡

1 What are you watching on TV? / I'm just watching the news.
2 What are you cooking? / I'm just cooking some pasta.

Can you make time for _____?

I'm now able to _____

패턴 1 **Can you make time for _____?** ~을 위한 시간을 낼 수 있나요?

make time은 '시간[짬]을 내다'라는 의미예요. for 다음에는 무엇을 위해 시간을 내는지 그 대상이 와요.

패턴 2 **I'm now able to _____** 지금 ~할 수 있어요

be able to는 '~할 수 있다'라는 뜻으로 조동사 can과 같아요. 여기에 now를 더한 I'm now able to ~는 '지금 ~할 수 있다'는 표현이에요. to 다음에는 동사원형을 써요.

A 패턴과 패턴의 대화를 읽으며 역할극하세요. 🎧

1
회의를 위한 시간을 낼 수 있나요?
지금 회의를 할 수 있어요.

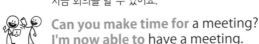

Can you make time for a meeting?
I'm now able to have a meeting.

2
운동할 시간 낼 수 있어요?
지금 운동할 수 있어요.

Can you make time for exercise?
I'm now able to do exercise.

🎧 | 1 | 2 | 3 | 4 | 5 | 숙련도 | 20 | 40 | 60 | 80 | 100 | %

B 패턴을 넣어 대화를 완성하고 역할극하세요. ⑧

1
저를 위해 시간을 낼 수 있나요?
지금 당신과 이야기할 수 있어요.

😈 _____ me?

😊 _____ talk to you.

2
저와 한 잔 할 시간을 낼 수 있나요?
지금 당신과 한 잔 할 수 있어요.

😈 _____ a drink with me?

😊 _____ have a drink with you.

3
이야기할 시간을 낼 수 있니?
지금 너와 이야기할 수 있어.

😈 _____ a chat?

😊 _____ have a chat with you.

C 주어진 말을 이용하여 대화를 완성하고 역할극하세요.

| a cup of coffee 커피 한 잔   have 마시다 |
| dinner 저녁 식사   have 먹다 |

1
커피 한 잔 할 시간 낼 수 있어요?
지금 커피 한 잔 마실 수 있어요.

😈 ➡

😊 ➡

2
저녁 식사 할 시간 낼 수 있어?
지금 저녁 먹을 수 있어.

😈 ➡

😊 ➡

1 Can you make time for a cup of coffee? / I'm now able to have a cup of coffee.
2 Can you make time for dinner? / I'm now able to have dinner.

Are you going to _____?

There seems no reason to _____

패턴 1 **Are you going to _____?** ~할 예정인가요?
be going to는 미래 조동사 will처럼 '~할 것이다'라는 뜻이에요. Are you going to ~?
는 '~할 예정이니?'라고 묻는 표현이에요. to 다음에는 동사원형을 써요.

패턴 2 **There seems no reason to _____** ~할 이유가 없는 것 같아요
seem은 '~인 것 같다, ~처럼 보이다'라는 동사예요. There is 구문에서 is 대신 seems
를 넣은 There seems no reason to ~는 '~할 이유가 없어 보인다'라는 표현이 돼요.

A 패턴과 패턴의 대화를 읽으며 역할극하세요. 🎧

1
그를 볼 예정이니?
그를 볼 이유가 없는 것 같아.

Are you going to see him?
There seems no reason to see him.

2
그 회의에 참석할 예정인가요?
그 회의에 참석할 이유가 없는 것 같아요.

Are you going to attend the meeting?
There seems no reason to attend the meeting.

🎧 | 1 | 2 | 3 | 4 | 5 | 숙련도 | 20 | 40 | 60 | 80 | 100 | %

B 패턴을 넣어 대화를 완성하고 역할극하세요. ⑥

1 당신의 가족을 데려올 예정인가요?
가족을 데려올 이유가 없어 보이네요.

⑥   bring your family?

😐   bring my family.

2 그 강좌를 수강할 예정인가요?
그 강좌를 수강할 이유가 없는 것 같아요.

⑥   take the course?

😐   take the course.

3 그를 초대할 예정인가요?
그를 초대할 이유가 없는 것 같아요.

⑥   have him over?

😐   invite him.

C 주어진 말을 이용하여 대화를 완성하고 역할극하세요.

| an email 이메일   send 보내다 |
| the project 그 프로젝트   continue 계속하다 |

1 이메일을 보낼 예정이야?
이메일을 보낼 이유가 없어 보여.

⑥ ⇒

😐 ⇒

2 그 프로젝트를 계속할 예정인가요?
그걸 계속할 이유가 없는 것 같아요.

⑥ ⇒

😐 ⇒

1 Are you going to send an email? / There seems no reason to send an email.
2 Are you going to continue the project? / There seems no reason to continue it.

패턴 1 **Can you _____?** ~해 줄 수 있나요?

can은 '~할 수 있다'라는 조동사예요. 의문문 Can you ~?는 상대방에게 능력을 묻는 것
외에 '~해 줄 수 있나요?'라고 부탁하는 표현으로도 쓸 수 있어요.

패턴 2 **I'm willing to _____** 기꺼이 ~할게요

willing은 '기꺼이 ~하는, ~하기를 꺼리지 않는'이라는 뜻이에요. I'm willing to ~는 '기
꺼이 ~하다, ~할 용의가 있다'라는 표현으로 to 다음에는 동사원형을 써요.

A 패턴과 패턴의 대화를 읽으며 역할극하세요. 🎧

1

저를 도와줄 수 있나요?
기꺼이 도울게요.

Can you help me?
I'm willing to help.

2

그 파일을 가져올 수 있나요?
기꺼이 그 파일을 가져올게요.

Can you bring the file?
I'm willing to bring the file.

🎧 | 1 | 2 | 3 | 4 | 5 | 수련도 | 20 | 40 | 60 | 80 | 100 **%**

1 저에게 길을 알려 줄 수 있나요?
기꺼이 알려 드릴게요.

🙂 show me the way?

🙂 show you.

2 저를 거들어 줄 수 있나요?
기꺼이 거들어 드릴게요.

🙂 give me a hand?

🙂 give you a hand.

3 나에게 진실을 말해 줄 수 있니?
기꺼이 너에게 진실을 말해 줄게.

🙂 tell me the truth?

🙂 tell you the truth.

C 주어진 말을 이용하여 대화를 완성하고 역할극하세요.

> give ~ a ride ~을 태워 주다
> how to swim 수영하는 법   teach ~에게 …을 가르쳐 주다

1 나를 태워다 줄 수 있어?
기꺼이 너를 태워 줄게.

🙂 ⇒

🙂 ⇒

2 나에게 수영하는 법을 가르쳐 줄 수 있나요?
기꺼이 수영하는 법을 가르쳐 줄게요.

🙂 ⇒

🙂 ⇒

1 Can you give me a ride? / I'm willing to give you a ride.
2 Can you teach me how to swim? / I'm willing to teach you how to swim.

167

ROLE PLAY WITH PATTERNS
019 허락 구하고 답하기

> Would you mind if I _____?

> You're more than welcome to _____

패턴1 Would you mind if I _____? 내가 ~해도 될까요?
mind는 '~을 싫어하다, 꺼리다'라는 동사예요. Would you mind if I ~?는 '내가 ~해도 될까요, ~하면 당신이 싫어할까요?'라는 뜻으로 상대방에게 허락을 구하는 표현이에요.

패턴2 You're more than welcome to _____ 얼마든지 ~해도 돼요
welcome은 '환영받는, ~해도 좋은'이라는 뜻으로, You are more than welcome to ~는 '~해도 좋은 것 그 이상이다'라는 의미에서 '얼마든지 ~해도 된다'라는 표현이 되었어요.

A 패턴과 패턴의 대화를 읽으며 역할극하세요.

1
제가 당신에게 뭔가 좀 물어봐도 될까요?
얼마든지 물어봐도 돼요.

Would you mind if I ask you something?
You're more than welcome to ask.

2
창문들을 열어도 될까요?
얼마든지 그것들을 열어도 돼요.

Would you mind if I open the windows?
You're more than welcome to open them.

B 패턴을 넣어 대화를 완성하고 역할극하세요. ⑥

1 네 펜을 빌려도 될까?
얼마든지 그걸 빌려도 돼.

☹ _____ borrow your pen?

☺ _____ borrow it.

2 이 상자를 열어 봐도 될까요?
얼마든지 그걸 열어도 되죠.

☹ _____ open this case?

☺ _____ open it.

3 하나 가져가도 될까요?
얼마든지 하나 가져가도 돼요.

☹ _____ take one?

☺ _____ take one.

C 주어진 말을 이용하여 대화를 완성하고 역할극하세요.

taste 맛보다   ask a question 질문하다

1 그것을 맛봐도 될까요?
얼마든지 그것을 맛보세요.

☹ ➡ _____

☺ ➡ _____

2 질문해도 될까요?
얼마든지 질문해도 돼요.

☹ ➡ _____

☺ ➡ _____

1 Would you mind if I taste it? / You're more than welcome to taste it.
2 Would you mind if I ask a question? / You're more than welcome to ask a question.

How could you _____?

There's no excuse for _____

패턴1 **How could you _____?** 어떻게 그럴 수 있나요?

How could you ~?는 '어떻게 ~할 수 있었니?'라는 방법을 물을 때도 쓰지만, '네가 어떻게 그럴 수 있니?'라는 못마땅함, 책망, 놀람 등을 강하게 드러내는 표현으로도 써요.

패턴2 **There's no excuse for _____** ~에 대한 건 변명의 여지가 없네요

excuse는 '변명, 핑계, 구실' 등을 의미해요. There's no excuse for ~는 '~에 대한 변명의 여지가 없다'는 표현이에요. for 뒤에는 명사나 동명사(-ing)를 써요.

A 패턴과 패턴의 대화를 읽으며 역할극하세요. 🎧

1
어떻게 나를 빼고 떠날 수 있어요?
그것에 대해서는 변명의 여지가 없네요.

How could you leave without me?
There's no excuse for that.

2
어떻게 그렇게 말할 수 있나요?
그렇게 말한 데에는 변명의 여지가 없어요.

How could you say so?
There's no excuse for saying so.

B 패턴을 넣어 대화를 완성하고 역할극하세요. ⑥

1 어떻게 나에게 이렇게 할 수 있어?
너에게 거짓말한 건 변명의 여지가 없어.

⑥ _____ do this to me?

☹ _____ lying to you.

2 어떻게 여권을 잃어버릴 수 있나요?
부주의했던 건 변명의 여지가 없네요.

⑥ _____ lose your passport?

☹ _____ being careless.

3 어떻게 그 회의에 대해 잊을 수 있나요?
그 회의에 참석하지 못한 건 변명의 여지가 없네요.

⑥ _____ forget about the meeting?

☹ _____ missing the meeting.

C 주어진 말을 이용하여 대화를 완성하고 역할극하세요.

> skip 거르다, 빼먹다 – skipping   the class 그 수업
> be so rude 매우 무례하게 굴다[행동하다]

1 어떻게 그 수업을 빼먹을 수 있니?
그 수업을 빼먹은 거에 대해 변명의 여지가 없어요.

⑥ ➡ _____

☹ ➡ _____

2 어떻게 그렇게 버릇없이 굴 수 있니?
그렇게 무례하게 굴었던 데는 변명의 여지가 없어요.

⑥ ➡ _____

☹ ➡ _____

1 How could you skip the class? / There's no excuse for skipping the class.
2 How could you be so rude? / There's no excuse for being so rude.

![REVIEW character]

REVIEW 배운 패턴들을 복습하세요.

1 돈을 요구하고 있는 게 아니에요.
당신이 원하는 게 정확히 뭔가요?

Ⓐ I'm [   ] money.
Ⓑ [   ] want?

2 운동할 시간 낼 수 있어요?
지금 운동할 수 있어요.

Ⓐ [   ] exercise?
Ⓑ [   ] to do exercise.

3 왜 그 방을 청소하고 있나요?
그걸 깨끗이 유지해 달라는 부탁을 받았어요.

Ⓐ [   ] cleaning the room?
Ⓑ [   ] keep it clean.

4 제가 당신에게 뭔가 좀 물어보면 신경 쓰이실까요? (물어봐도 될까요?)
얼마든지 물어봐도 돼요.

Ⓐ [   ] I ask you something?
Ⓑ [   ] ask.

정답 **1** not asking for / What is it that you **2** Can you make time for / I'm now able
3 Why are you / I was asked to **4** Would you mind if / You're more than welcome to

172

5 일찍 와 주시면 감사하겠습니다.
9시까지 올 수 있을 거예요.

Ⓐ _____ you could come early.

Ⓑ I _____ come by 9.

6 제인에게 무슨 일이 생겼나요?
제가 아는 건 그녀가 기분이 좋지 않다는 것뿐이에요.

Ⓐ _____ Jane?

Ⓑ _____ she isn't feeling good.

7 그를 볼 예정인가요?
그를 볼 이유가 없는 것 같아요.

Ⓐ _____ see him?

Ⓑ _____ see him.

8 어떻게 나를 빼고 떠날 수 있어요?
그것에 대해서는 변명의 여지가 없네요.

Ⓐ _____ you leave without me?

Ⓑ _____ that.

정답 **5** I'd appreciate it if / should be able to **6** What happened to / All I know is that
7 Are you going to / There seems no reason to **8** How could / There's no excuse for

MIX UP 배운 패턴들을 섞어 다양한 대화를 해요.

---

1 그 책을 살 예정이세요?
저는 단지 목차를 읽고 있는 중이에요.

Ⓐ _____ buy that book?

Ⓑ _____ reading the contents.

---

2 저는 지금 약간의 시간을 낼 수 있어요. (spare 시간이나 돈을 내다)
당신의 시간을 요구하는 게 아닙니다.

Ⓐ _____ to spare some time.

Ⓑ _____ your time.

---

3 왜 자꾸 같은 말을 되풀이하는 거예요?
그냥 들으시면 감사하겠습니다.

Ⓐ _____ repeating yourself?

Ⓑ _____ could just listen.

---

4 나에게 아이디어 좀 줄 수 있니?
내가 뭔가 생각해 낼 수 있을 거야.

Ⓐ _____ give me some ideas?

Ⓑ _____ think of something.

정답 **1** Are you going to / I'm just **2** I'm now able / I'm not asking for
3 Why are you / I'd appreciate it if you **4** Can you / I should be able to

174

5 저는 당신에게 전화하라는 부탁을 받았어요.
제가 다시 전화를 드려도 괜찮을까요? (신경 쓰일까요?)

Ⓐ _____ call you.
Ⓑ _____ I call you back?

6 당신이 그에 대해서 아는 것이 정확히 뭐예요?
제가 아는 건 그가 좋은 사람이라는 게 다예요.

Ⓐ _____ know about him?
Ⓑ _____ he is a good man.

7 이야기할 시간을 낼 수 있나요?
저는 오늘 기꺼이 당신 사무실을 방문하겠습니다.

Ⓐ _____ a word?
Ⓑ _____ visit your office today.

8 당신께 이야기해 드려야 할 이유가 없는 것 같습니다.
어떻게 저한테 이렇게 할 수가 있어요?

Ⓐ _____ tell you.
Ⓑ _____ do this to me?

정답 **5** I was asked to / Would you mind if **6** What is it that you / All I know is that
7 Can you make time for / I'm willing to **8** There seems no reason to / How could you

Where did you get _____ ?

It is available _____

패턴 1 **Where did you get _____?** ~을 어디에서 구했나요?

동사 get의 다양한 의미 중에 '사다, 구하다, 입수하다'라는 뜻도 있어요. Where did you get ~?은 물건 등을 구입한 장소나 입수한 방법을 묻는 표현이에요.

패턴 2 **It is available _____** ~에서 구입[이용] 가능해요

available은 '구할[이용할, 살] 수 있는'이라는 뜻이에요. It is available 뒤에 구입하거나 입수한 장소, 방법 등을 넣으면 '그건 ~에서 구입[이용] 가능해요'라는 표현이 돼요.

A 패턴과 패턴의 대화를 읽으며 역할극하세요. 🎧

1
그 표를 어디에서 샀나요?
티켓츠 닷컴에서 구입 가능해요.

Where did you get the ticket?
It is available at tickets.com.

2
그 쿠폰은 어디서 구했어요?
그건 접수처에서 구할 수 있어요.

Where did you get the coupon?
It is available at the reception.

B 패턴을 넣어 대화를 완성하고 역할극하세요. ⑥

1
그 지도를 어디에서 구했나요?
그건 안내 데스크에서 이용 가능해요.

⑥ _____ the map?

☺ _____ at the information desk.

2
그 카트를 어디에서 구했나요?
그건 건물 입구에서 이용 가능해요.

⑥ _____ the cart?

☺ _____ at the entrance of the building.

3
그 청바지를 어디에서 샀어?
그건 올진즈 닷컴에서 구입 가능해.

⑥ _____ the jeans?

☺ _____ at alljeans.com.

C 주어진 말을 이용하여 대화를 완성하고 역할극하세요.

the old book 그 책   at the used bookstore 중고서점에서
the game 그 게임   online 온라인으로

1
그 오래된 책은 어디서 샀어요?
그건 중고서점에서 구할 수 있어요.

⑥ ➡

☺ ➡

2
그 게임은 어디에서 샀어?
그건 온라인으로 구할 수 있어.

⑥ ➡

☺ ➡

1 Where did you get the old book? / It is available at the used bookstore.
2 Where did you get the game? / It is available online.

177

022 ROLE PLAY WITH PATTERNS
계획 묻고 답하기

패턴 1 **Are you planning to _____?** ~할 계획인가요?

plan to는 '~할 계획이다'라는 의미이며 Are you planning to ~?는 '당신은 ~할 계획인가요[계획 중인가요]?'라고 묻는 표현이에요. to 다음에는 동사원형을 써요.

패턴 2 **I'm supposed to _____** 나는 ~하기로 되어 있어요

suppose는 '추측하다, 추정하다'라는 동사인데 be supposed to ~로 '~할 것으로 추정된다', 즉 '~하기로 되어 있다'라는 표현이 되며 '~해야 한다'라는 의미로도 써요.

A 패턴과 패턴의 대화를 읽으며 역할극하세요. 🎧

1
그 호텔에 머물 계획인가요?
거기 머물기로 되어 있어요.

Are you planning to stay at the hotel?
I'm supposed to stay there.

2
운전면허증을 딸 계획인가요?
아빠의 차를 넘겨받기로 되어 있어요.

Are you planning to get a driver's license?
I'm supposed to take over my dad's car.

🎧 1 2 3 4 5 숙련도 20 40 60 80 100 %

B 패턴을 넣어 대화를 완성하고 역할극하세요. ⑥

1
외국에서 공부할 계획인가요?
이번 9월에 등록하기로 되어 있어요.

😃 _____ study abroad?

😊 _____ enroll this September.

2
하와이로 이사할 계획인가요?
다음 달에 떠나기로 되어 있어요.

😃 _____ move to Hawaii?

😊 _____ leave next month.

3
차를 빌릴 계획인가요?
엄마를 부산까지 운전해 드리기로 되어 있어요.

😃 _____ rent a car?

😊 _____ drive my mom to Busan.

C 주어진 말을 이용하여 대화를 완성하고 역할극하세요.

take a semester off 한 학기 휴학하다   volunteer abroad 해외 봉사 활동을 하다
go to the party 그 파티에 가다   meet 만나다   someone 누군가

1
한 학기 휴학할 계획이야?
해외에서 봉사 활동을 하기로 되어 있어.

😃 ➡ _____

😊 ➡ _____

2
그 파티에 갈 계획인가요?
거기서 누군가를 만나기로 되어 있어요.

😃 ➡ _____

😊 ➡ _____

1 Are you planning to take a semester off? / I'm supposed to volunteer abroad.
2 Are you planning to go to the party? / I'm supposed to meet someone there.

I'm afraid that _____

You're bound to _____

[패턴 1] I'm afraid that _____ ~할까 두려워요

afraid는 '걱정하는, 두려운'이라는 말이에요. I'm afraid that ~은 '~할까 두렵다[불안하다]'라는 의미로 that 이하에 걱정스럽거나 불안한 상황의 문장을 넣어요.

[패턴 2] You're bound to _____ 당신은 반드시 ~할 거예요

bound는 '꼭 할 것 같은, ~할 가능성이 큰'이라는 형용사예요. You're bound to ~는 '너는 꼭[반드시] ~할 거야'라는 표현이 되며, to 다음에는 동사원형을 써요.

A 패턴과 패턴의 대화를 읽으며 역할극하세요. ⑧

1 실패할까 두려워.
너는 반드시 그 시험에 붙을 거야.

I'm afraid that I might fail.
You're bound to pass the exam.

2 실수할까 걱정돼요.
당신은 그것들을 꼭 제대로 처리할 거예요. (handle 처리하다)

I'm afraid that I might make a mistake.
You're bound to handle them properly.

⑧ 1 2 3 4 5 숙련도 20 40 60 80 100 %

B 패턴을 넣어 대화를 완성하고 역할극하세요. ⑥

1 그 티켓을 얻지 못할까 걱정돼.
너는 반드시 그걸 얻게 될 거야.

☹   I might not get the ticket.

☺   get it.

2 그녀를 볼 수 없을까 불안해요.
당신은 반드시 그녀를 보게 될 거예요.

☹   I can't see her.

☺   see her.

3 그 경주에서 질까 걱정돼요.
당신은 반드시 그 경주에서 이기게 될 거예요.

☹   I might lose the race.

☺   win the race.

C 주어진 말을 이용하여 대화를 완성하고 역할극하세요.

might be late 지각할지 모른다	be on time 제시간에 도착하다
manage it 결국 해내다	make it 해내다, 성공하다

1 지각할까 걱정돼요.
당신은 꼭 제시간에 도착할 거예요.

☹ ➡

☺ ➡

2 결국 해내지 못할까 걱정돼.
너는 반드시 해낼 거야.

☹ ➡

☺ ➡

---

1 I'm afraid that I might be late. / You're bound to be on time.
2 I'm afraid that I can't manage it. / You're bound to make it.

024 결과 묻고 답하기

How did _____ go?

I ended up _____ing

패턴1 How did _____ go? ~은 어떻게 되었나요?

동사 go에는 '가다'라는 기본 뜻 외에도 '~하게 되어가다[진행되다]'라는 뜻이 있어요.
How did ~ go?는 특정 상황이나 일 등이 어떻게 흘러갔는지 묻는 표현이에요.

패턴2 I ended up _____ing 결국 ~하고 말았어요

동사 end는 '끝나다'라는 의미로 ended up은 '결국 ~한 상태가 되었다'라는 뜻이 돼요.
ended up 뒤에 명사, 동명사(-ing), 형용사, 전치사구 등을 쓸 수 있어요.

A 패턴과 패턴의 대화를 읽으며 역할극하세요. 🔊

1

그 게임은 어떻게 되었나요?
저는 결국 결승전에서 지고 말았어요.

How did the game **go**?
I ended up losing at the final.

2

그 회의는 어떻게 됐나요?
그것은 결국 아무것도 해결하지 못했어요.

How did the conference **go**?
It ended up solving nothing.

🔊 1 2 3 4 5 　숙련도 20 40 60 80 100 %

1
시험은 어떻게 됐나요?
결국 시험에서 C를 받고 말았어요.

😊 _____ the exam _____ ?

😞 I _____ getting a C on the exam.

2
수선은 어떻게 됐나요?
결국 10만원이 들고 말았어요.

😊 _____ the repairing _____ ?

😞 It _____ costing me 100,000 won.

3
회의는 어떻게 됐나요?
결국 그렇게 나쁘게는 되지 않았어요.

😊 _____ the meeting _____ ?

😞 It _____ not being so bad.

C 주어진 말을 이용하여 대화를 완성하고 역할극하세요.

> the race 그 경주   team 팀   come in third 3등으로 들어오다, 3등 하다
> the interview 그 면접   mess it up 그것을 망치다

1
그 경주는 어떻게 됐나요?
결국 저의 팀은 3등으로 들어왔어요.

😊 ➡ _____

😞 ➡ _____

2
그 면접은 어떻게 됐나요?
결국 내가 그걸 망쳤어요.

😊 ➡ _____

😞 ➡ _____

1 How did the race go? / My team ended up coming in third.
2 How did the interview go? / I ended up messing it up.

What do you think of _____?

I wouldn't mind _____ing

패턴1 **What do you think of _____?** ~에 대해 어떻게 생각하세요?

What do you think of ~?는 '~에 대해 어떻게 생각하니?'라는 의미로 상대방의 의견을 물을 때 쓰는 표현이에요. of 대신 about을 쓸 수도 있고, 뒤에는 (동)명사를 써요.

패턴2 **I wouldn't mind _____ing** ~하는 게 괜찮을 것 같아요

mind(언짢아하다, 싫어하다)가 포함된 I wouldn't mind -ing는 '~하는 것을 싫어하지 않는다', 즉 '~해도 괜찮다'라 표현이에요. mind 뒤에는 명사나 동명사(-ing)를 써요.

A 패턴과 패턴의 대화를 읽으며 역할극하세요. 🎧

1 하루 휴가 가는 것에 대해 어떻게 생각하세요?
하루 휴가 가는 게 괜찮을 것 같아요.

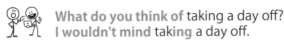

What do you think of taking a day off?
I wouldn't mind tak**ing** a day off.

2 온라인으로 신발을 사는 것에 대해 어떻게 생각하세요?
온라인으로 쇼핑하는 게 괜찮은 거 같아요.

What do you think of buying shoes online?
I wouldn't mind shopp**ing** online.

🎧 | 1 | 2 | 3 | 4 | 5 | 숙련도 | 20 | 40 | 60 | 80 | 100 | %

1
캠핑하러 가는 걸 어떻게 생각하세요?
캠핑하러 가는 게 괜찮을 것 같아요.

😈 [   ] going camping?

🙂 [   ] going camping.

2
내가 머무르는 곳에 머무는 걸 어떻게 생각하세요?
당신이 계신 곳에 머무르는 게 괜찮을 것 같아요.

😈 [   ] staying at my place?

🙂 [   ] staying at your place.

3
나와 함께하는 걸 어떻게 생각하세요?
당신과 함께하는 게 괜찮을 것 같아요.

😈 [   ] joining me?

🙂 [   ] joining you.

C 주어진 말을 이용하여 대화를 완성하고 역할극하세요.

> share cars 자동차를 공유하다   with others 다른 사람들과
> work from home 재택근무하다

1
자동차를 공유하는 것에 대해 어떻게 생각하세요?
다른 사람들과 차를 공유하는 것도 괜찮을 것 같아요.

😈 ➡ [   ]

🙂 ➡ [   ]

2
재택근무에 대해서 어떻게 생각해요?
저는 재택근무하는 것도 괜찮을 것 같아요.

😈 ➡ [   ]

🙂 ➡ [   ]

1 What do you think of sharing cars? / I wouldn't mind sharing cars with others.
2 What do you think of working from home? / I wouldn't mind working from home.

026

ROLE PLAY WITH PATTERNS
동의하고 반대하기

I agree with _____

I'm against _____

패턴1 I agree with _____ ~에 동의해요
agree는 '동의하다'라는 의미의 동사로 with 다음에 동의하는 내용이나 대상을 쓸 수 있어요.

패턴2 I'm against _____ ~에 반대해요
against는 '생각이나 제안 등에 반대하여'라는 뜻이에요. I'm against ~ 다음에는 반대하는 대상이 명사로 와요.

A 패턴과 패턴의 대화를 읽으며 역할극하세요. 🔊

1
그 계획에 동의해요.
그 계획에 반대해요.

I agree with the plan.
I'm against the plan.

2
그 제안에 동의해요.
그 제안에 반대해요.

I agree with the suggestion.
I'm against the suggestion.

🔊 | 1 | 2 | 3 | 4 | 5 | 숙련도 | 20 | 40 | 60 | 80 | 100 | %

1
그의 의견에 동의해요.
그의 의견에 반대해요.

☺ _____ his opinion.

☹ _____ his opinion.

2
그들에게 동의해요.
그들에게 반대해요.

☺ _____ them.

☹ _____ them.

3
그녀의 아이디어에 동의해요.
그녀의 아이디어에 반대해요.

☺ _____ her idea.

☹ _____ her idea.

C 주어진 말을 이용하여 대화를 완성하고 역할극하세요.

the decision 결정   their policy 그들의 정책

1
그 결정에 동의해요.
그 결정에 반대해요.

☺ ➡

☹ ➡

2
그들의 정책에 동의해요.
그들의 정책에 반대해요.

☺ ➡

☹ ➡

1 I agree with the decision. / I'm against the decision.
2 I agree with their policy. / I'm against their policy.

027

ROLE PLAY WITH PATTERNS
부탁에 불확실한 답하기

> I was wondering if _____

> I'm not sure if _____

패턴 1 **I was wondering if** _____ ~일지 궁금했어요

wonder는 '궁금해하다'라는 뜻으로, I was wondering if ~는 정중하게 ~해 달라고 부탁할 때 쓸 수 있어요. if절 동사 앞에는 would[could]를 줄여 주어 뒤에 'd를 붙여요.

패턴 2 **I'm not sure if** _____ ~일지 확실하지 않아요

sure는 '확신하는, 잘 아는'이라는 뜻이며, if는 '~일지 아닐지'라는 의미예요. 그래서 I'm not sure if ~는 '~일지 (아닐지) 확신할 수 없다'라는 의미가 돼요.

A 패턴과 패턴의 대화를 읽으며 역할극하세요. 🎧

1   당신이 오늘 밤 한가할지 궁금했어요.
     오늘 밤 시간이 될지 확실하지 않아요.

I was wondering if you'd be free tonight.
I'm not sure if I'll be free tonight.

2   우리가 얘기할 수 있을지 궁금했어.
     우리가 얘기할 수 있을지 확실하지 않아.

I was wondering if we'd talk.
I'm not sure if we can talk.

🎧 | 1 | 2 | 3 | 4 | 5 | 숙련도 | 20 | 40 | 60 | 80 | 100 | %

B 패턴을 넣어 대화를 완성하고 역할극하세요. 🎧

1 당신이 저를 데리러 올지 궁금했어요.
내가 당신을 데리러 갈 수 있을지 확실하지 않아요.

😊 _____ you'd pick me up.

😞 _____ I can pick you up.

2 그의 전화번호를 얻을 수 있을지 궁금했어.
네가 그의 전화번호를 얻을 수 있을지는 확실하지 않아.

😊 _____ I'd get his number.

😞 _____ you can get his number.

3 당신이 회의 일정을 잡을 수 있을지 궁금했어요.
내가 회의 일정을 잡을 수 있을지는 확실하지 않아요.

😊 _____ you'd set up a meeting.

😞 _____ I can set up a meeting.

C 주어진 말을 이용하여 대화를 완성하고 역할극하세요.

> help 돕다   borrow 빌리다   lend it to ~에게 그것을 빌려주다

1 당신이 저를 도와주실 수 있을지 궁금했어요.
당신을 도울 수 있을지 확실하지 않아요.

😊 ⇒ _____

😞 ⇒ _____

2 네 책을 빌릴 수 있을지 궁금했어.
내가 그것을 너에게 빌려줄 수 있을지 확실하지 않아.

😊 ⇒ _____

😞 ⇒ _____

1 I was wondering if you'd help me. / I'm not sure if I can help you.
2 I was wondering if I'd borrow your book. / I'm not sure if I can lend it to you.

패턴 1 **Do you want me to _____?** 제가 ~해 드릴까요?

want me to ~는 '내가 ~하길 원하다'라는 의미예요. 질문인 Do you want me to ~?는 '당신은 제가 ~하기 원하나요?'라는 의미로 '~해 드릴까요?'라고 제안하는 표현이에요.

패턴 2 **I appreciate you _____ing** ~해 주셔서 감사드려요

appreciate은 '~에 감사하다[고맙게 생각하다]'라는 뜻으로, I appreciate you -ing는 '당신이 ~해 주셔서 감사해요'라는 표현이에요.

A 패턴과 패턴의 대화를 읽으며 역할극하세요. 🎧

1
제가 그 문을 잡아 드릴까요?
문을 잡아 주셔서 감사드려요.

Do you want me to hold the door?
I appreciate you holding the door.

2
내가 너를 기다리길 원해?
나를 기다려 줘서 고마워.

Do you want me to wait for you?
I appreciate you waiting for me.

🎧 1 2 3 4 5 수련도 20 40 60 80 100 %

B 패턴을 넣어 대화를 완성하고 역할극하세요. ⑧

1 내가 너를 도와주기를 원해?
나를 도와줘서 고마워.

(ᓂ) _____ help you?

(ᵕ) _____ helping me.

2 제가 메시지를 받아 주기를 원하시나요?
메시지를 받아 주셔서 감사해요.

(ᓂ) _____ take a message?

(ᵕ) _____ taking a message.

3 제가 그것을 끝내기를 원하시나요?
그것을 끝내 주셔서 감사드려요.

(ᓂ) _____ finish it?

(ᵕ) _____ finishing it.

C 주어진 말을 이용하여 대화를 완성하고 역할극하세요.

| take ~ home ~을 집에 데려다 주다 |
| make some coffee 커피를 좀 만들다   for me 저를 위해 |

1 내가 너를 집에 데려다주기 원하니?
나를 집에 데려다줘서 고마워.

(ᓂ) ⇒

(ᵕ) ⇒

2 제가 커피 좀 만들어 드릴까요?
저를 위해 커피를 만들어 주셔서 감사해요.

(ᓂ) ⇒

(ᵕ) ⇒

1 Do you want me to take you home? / I appreciate you taking me home.
2 Do you want me to make some coffee? / I appreciate you making coffee for me.

패턴 1 I was hoping _____ ~이길 바라고 있었어요

hope는 '~이길 바라다, ~이면 좋겠다고 생각하다'라는 의미예요. I was hoping ~은 '~이길 바라고 있었다, ~이라면 좋겠는데'의 의미로 조심스럽게 부탁하는 표현이에요.

패턴 2 I wish I could _____ ~이라면 좋을 텐데요

I wish I could ~는 '~할 수 있다면 좋을 텐데'라는 뜻으로 실제로는 그럴 수 없어 안타까움을 의미하며, '못해'라는 말을 '할 수 있다면 좋겠다'라고 돌려 말할 때도 써요.

A 패턴과 패턴의 대화를 읽으며 역할극하세요. 🔟

1
네가 우리와 함께할 수 있기를 바라고 있었어.
너희들과 함께하면 좋을 텐데.

I was hoping you could join us.
I wish I could join you.

2
당신이 제게 표를 구해 주기를 바라고 있었어요.
내가 당신에게 표를 구해 줄 수 있다면 좋을 텐데요.

I was hoping you could get me a ticket.
I wish I could get you a ticket.

B 패턴을 넣어 대화를 완성하고 역할극하세요. ⑧

1
당신이 저에게 일자리를 줄 수 있기를 바라고 있었어요.
내가 당신에게 일자리를 줄 수 있으면 좋을 텐데요.

🙂   you could give me a job.

🙁   give you a job.

2
당신이 저에게 먼저 부탁하기를 바라고 있었어요.
내가 당신에게 먼저 요청할 수 있다면 좋을 텐데요.

🙂   you would ask me first.

🙁   ask you first.

3
네가 잠깐 들를 수 있기를 바라고 있었어.
내가 들를 수 있다면 좋을 텐데.

🙂   you could stop by.

🙁   stop by.

C 주어진 말을 이용하여 대화를 완성하고 역할극하세요.

---

give ~ a ride ~을 태워 주다   question 질문   answer 답하다

1
네가 나를 태워 줄 수 있기를 바라고 있었어.
내가 너를 태워 줄 수 있다면 좋을 텐데 말야.

🙂 ➡

😶 ➡

2
당신이 제 질문에 답해 줄 수 있기를 바라고 있었어요.
내가 당신 질문에 답할 수 있다면 좋을 텐데요.

🙂 ➡

🙁 ➡

1 I was hoping you could give me a ride. / I wish I could give you a ride.
2 I was hoping you could answer my question. / I wish I could answer your question.

193

> I'm anxious about _____

> You should try to _____

패턴1 **I'm anxious about** _____ ~이 걱정이에요

anxious는 '걱정하는, 불안해하는'이라는 뜻이에요. I'm anxious about ~은 '~이 걱정이에요'라는 의미의 표현으로 about 다음에 걱정하는 대상이 와요.

패턴2 **You should try to** _____ ~하도록 하세요

should는 '~하는 편이 좋다, ~해야 한다'는 의미예요. should try to ~는 '~하도록 하세요'로 조언이나 권유할 때 쓰는 표현이에요. '~하지 말도록 하세요'는 try not to로 써요.

A 패턴과 패턴의 대화를 읽으며 역할극하세요. 🎧

1
결과가 걱정이에요.
긴장을 풀어 보도록 하세요.

I'm anxious about the results.
You should try to relax.

2
날씨가 걱정이야.
일기 예보를 확인하도록 하세요.

I'm anxious about the weather.
You should try to check the weather forecast.

🎧 1 2 3 4 5 숙련도 20 40 60 80 100 %

1 발표가 걱정이에요.
숨을 깊게 쉬도록 하세요. (take a breath 숨을 쉬다)

😟 [   ] the presentation.

😇 [   ] take a deep breath.

2 미래에 대해 불안해요
그것에 대해 생각하지 말도록 하세요.

😟 [   ] the future.

😇 [   ] not [   ] think about it.

3 그녀의 건강이 걱정돼요.
그녀를 의사에게 데려가 보는 게 좋겠어요.

😟 [   ] her health.

😇 [   ] take her to a doctor.

C 주어진 말을 이용하여 대화를 완성하고 역할극하세요.

> his safety 그의 안전   keep in touch with ~와 연락하고 지내다
> the situation 그 상황   listen to the news 뉴스를 듣다

1 그의 안전이 걱정이에요.
그와 연락하고 지내도록 하세요.

😟 ➡ [   ]

😇 ➡ [   ]

2 그 상황이 불안해요.
뉴스를 듣도록 하세요.

😟 ➡ [   ]

😇 ➡ [   ]

1 I'm anxious about his safety. / You should try to keep in touch with him.
2 I'm anxious about the situation. / You should try to listen to the news.

195

1 하루 휴가 가는 것에 대해 어떻게 생각하세요?
하루 휴가 가는 게 괜찮을 것 같아요. (mind)

Ⓐ _____ taking a day off?

Ⓑ _____ taking a day off.

2 그 호텔에 머물 계획인가요?
거기 머물기로 되어 있어요.

Ⓐ _____ stay at the hotel?

Ⓑ _____ stay there.

3 그 쿠폰은 어디서 구했어?
그건 접수처에서 구할 수 있어.

Ⓐ _____ the coupon?

Ⓑ _____ at the reception.

4 당신이 우리와 함께할 수 있기를 바라고 있었어요.
당신들과 함께하면 좋을 텐데요.

Ⓐ _____ you could join us.

Ⓑ _____ join you.

정답 **1** What do you think of / I wouldn't mind **2** Are you planning to / I'm supposed to **3** Where did you get / It is available **4** I was hoping / I wish I could

5 결과가 걱정이에요.
긴장을 풀어 보도록 하세요.

Ⓐ ⬚⬚⬚⬚⬚⬚⬚⬚ the results.
Ⓑ ⬚⬚⬚⬚⬚⬚⬚ relax.

6 오늘 밤 당신이 한가할지 궁금했어요.
오늘 밤 시간이 될지 확실하지 않아요.

Ⓐ ⬚⬚⬚⬚⬚⬚⬚ you'd be free tonight.
Ⓑ ⬚⬚⬚⬚⬚⬚⬚ I will be free tonight.

7 제가 그 문을 잡아 드리길 원하세요?
문을 잡아 주셔서 감사드려요.

Ⓐ ⬚⬚⬚⬚⬚⬚⬚ hold the door?
Ⓑ ⬚⬚⬚⬚⬚⬚⬚ holding the door.

8 실패할까 두려워요.
당신은 반드시 그 시험에 붙을 거예요.

Ⓐ ⬚⬚⬚⬚⬚⬚⬚ I might fail.
Ⓑ ⬚⬚⬚⬚⬚⬚⬚ pass the exam.

정답 **5** I'm anxious about / You should try to **6** I was wondering if / I'm not sure if
7 Do you want me to / I appreciate you **8** I'm afraid that / You're bound to

MIX UP
배운 패턴들을 섞어 다양한 대화를 해요.

1
그 재킷 어디에서 구했어요?
그들이 아직 이걸 팔고 있는지는 확실하지 않아요.

Ⓐ   the jacket?
Ⓑ   they still sell this.

2
당신은 분명히 합격할 거예요.
저는 결과가 불안해요.

Ⓐ   get accepted.
Ⓑ   the result.

3
수술은 어떻게 됐나요?
물어봐 주셔서 당신께 감사드려요.

Ⓐ   the surgery   ?
Ⓑ I   asking.

4
더 오래 머무시길 바라고 있었어요.
기차를 놓칠까 걱정이 돼서요.

Ⓐ   you would stay longer.
Ⓑ   I might miss the train.

정답 **1** Where did you get / I'm not sure if   **2** You're bound to / I'm anxious about
3 How did, go / appreciate you   **4** I was hoping / I'm afraid that

198

5 저는 오늘 김 박사님을 만나기로 되어 있어요.
제가 방까지 안내해 드리길 원하시나요?

Ⓐ   see Dr. Kim today.
Ⓑ   show you to the room?

6 결국 아무것도 못 사고 말았어요.
DC 마트를 확인했는지 궁금해하고 있었어요.

Ⓐ I   buying nothing.
Ⓑ   you checked DC Mart.

7 저는 그 생각에 반대해요.
저도 같은 말을 할 수 있다면 좋을 텐데요.

Ⓐ   the idea.
Ⓑ   say the same.

8 저는 그에게 동의해요.
당신은 재고하려고 노력해야 해요.

Ⓐ   him.
Ⓑ   think twice.

정답 **5** I'm supposed to / Do you want me to **6** ended up / I was wondering if
7 I'm against / I wish I could **8** I agree with / You should try to

ROLE PLAY WITH PATTERNS
031 참을 수 없음 말하고 동의하기

(패턴 1) **I can't stand** _____ ~을 참을 수 없어요

stand는 '(싫어하는 상황, 물건, 사람 등을) 참다, 견디다'라는 의미예요. '~하는 것을 참다, 견디다'라고 하려면 stand 뒤에 동명사(-ing)로 써야 해요.

(패턴 2) **I couldn't agree more with** _____ ~에 완전히 동의해요

'동의하다'라는 뜻의 agree가 포함된 I couldn't agree more with ~는 직역하면 '나는 ~에 (이보다) 더 동의할 수 없다', 즉 '전적으로[완전히] 동의하다'라는 표현이 돼요.

A 패턴과 패턴의 대화를 읽으며 역할극하세요. 🔊

1 그녀를 참을 수 없어요.
당신에게 완전히 동의해요.

I can't stand her.
I couldn't agree more with you.

2 이 상황을 더는 참을 수 없어.
네 생각에 완전히 동의해.

I can't stand this situation anymore.
I couldn't agree more with your thoughts.

200

🔊 | 1 | 2 | 3 | 4 | 5 | 숙련도 | 20 | 40 | 60 | 80 | 100 | %

1
여기에서 일하는 게 참을 수 없어요.
당신의 의견에 완전히 동의해요.

😠   working here.

😊   your opinion.

2
추운 날씨를 참을 수 없어요.
당신이 말한 것에 완전히 동의해요.

😠   the cold weather.

😊   what you said.

3
그를 꼴도 보기 싫어.
네가 어떻게 느끼는지 완전히 동의해.

😠   the sight of him.

😊   how you feel.

C 주어진 말을 이용하여 대화를 완성하고 역할극하세요.

> tasteless food 맛없는 음식
> waste 낭비하다 – wasting   what you said 당신이 말한 것

1
맛없는 음식은 참을 수 없어.
너에게 전적으로 동의해.

😠 ➡

😊 ➡

2
시간을 낭비하는 건 참을 수 없어요.
당신이 말한 것에 완전히 동의해요.

😠 ➡

😊 ➡

1 I can't stand tasteless food. / I couldn't agree more with you.
2 I can't stand wasting time. / I couldn't agree more with what you said.

032

ROLE PLAY WITH PATTERNS
해야 하는 이유 묻고 답하기

Why do I have to _____?

That's because _____

패턴 1 **Why do I have to _____?** 내가 왜 ~해야 하죠?
have to는 must와 마찬가지로 '~해야 하다'라는 의미예요. 의문사 why(왜)와 함께 써서 Why do I have to ~?라고 하면 '내가 왜 ~해야 하죠?'라는 표현이 돼요.

패턴 2 **That's because _____** 그건 ~이기 때문이에요
because는 '~이기 때문에'라는 말이에요. That's because ~는 '그건 ~이기 때문이다'라는 표현으로 because 다음에 이유가 되는 문장을 써야 해요.

A 패턴과 패턴의 대화를 읽으며 역할극하세요.

1   내가 왜 거기 있어야 하죠?
그건 당신이 면접이 있기 때문이에요.

Why do I have to be there?
That's because you have an interview.

2   내가 왜 탑승 수속을 일찍 해야 하죠?
그건 당신이 당신의 자리를 선택할 수 있기 때문이에요.

Why do I have to check in early?
That's because you can select your seat.

 | 1 | 2 | 3 | 4 | 5 | 숙련도 | 20 | 40 | 60 | 80 | 100 | %

B 패턴을 넣어 대화를 완성하고 역할극하세요. ⑥

1 내가 왜 옷을 차려입어야 해?
그건 격식을 갖춘 파티이기 때문이야.

😑 _____ get dressed up?

😊 _____ it's a formal party.

2 내가 왜 그것을 비밀로 해야 하죠?
그건 다른 사람들을 아프게 할 것이기 때문이에요.

😑 _____ keep it a secret?

😊 _____ it would hurt others.

3 내가 왜 그 사람들에게 인사를 해야 하죠?
그건 그들이 당신을 보기 위해 여기 온 것이기 때문이에요.

😑 _____ say hello to the people?

😊 _____ they are here to see you.

C 주어진 말을 이용하여 대화를 완성하고 역할극하세요.

> study 공부하다   a global language 세계적인 언어
> hire 채용하다   qualified 자격을 갖춘

1 내가 왜 영어를 공부해야 하지?
그건 그것이 세계적인 언어이기 때문이지.

😑 ➡ _____

😊 ➡ _____

2 내가 왜 당신을 채용해야 하죠?
그건 제가 자격을 갖췄기 때문입니다.

😑 ➡ _____

😊 ➡ _____

1 Why do I have to study English? / That's because it's a global language.
2 Why do I have to hire you? / That's because I'm qualified.

I'm sick of _____

Why bother _____ing?

(패턴1) **I'm sick of _____** ~이 지긋지긋해요[질렸어요]

sick은 '아픈' 외에 '~에 질린[넌더리가 나는]'이라는 뜻도 있어요. I'm sick of ~는 '~에 질렸다[지긋지긋하다]'라는 표현이에요. of 뒤에는 명사나 동명사(-ing)가 와요.

(패턴2) **Why bother _____ing?** 굳이 뭐 하러 ~하나요?

bother는 '귀찮게 하다, 굳이 ~하다'라는 뜻이에요. Why bother -ing?는 '굳이[애써] 왜[뭐 하러] 그래요?'라는 표현이에요.

A 패턴과 패턴의 대화를 읽으며 역할극하세요. 🔊

1
그와 이야기하는 게 지긋지긋해요.
굳이 뭐 하러 그에게 말을 겁니까?

I'm sick of talking to him.
Why bother talking to him?

2
그를 보는 게 지긋지긋해.
굳이 왜 그를 보는 거야?

I'm sick of the sight of him.
Why bother seeing him?

🔊 1 2 3 4 5 숙련도 20 40 60 80 100 %

B 패턴을 넣어 대화를 완성하고 역할극하세요. ⑥

1 그의 거만한 태도에 질렸어요.
굳이 뭐 하러 그를 위해 일하나요?

😣 _____ his bossy attitude.

😐 _____ working for him?

2 매주 거기 가는 게 지긋지긋해.
굳이 뭐 하러 거기를 가?

😣 _____ going there every week.

😐 _____ going there?

3 그녀를 만나는 게 지긋지긋해요.
굳이 뭐 하러 그녀를 만나나요?

😣 _____ meeting her.

😐 _____ meeting her?

C 주어진 말을 이용하여 대화를 완성하고 역할극하세요.

wake him up 그를 깨우다   every morning 매일 아침(에)
do the dishes 설거지하다   instead of her 그녀 대신

1 매일 아침 그를 깨우는 거에 질렸어요.
굳이 왜 그를 깨워요?

😣 ➡ _____

😐 ➡ _____

2 그녀 대신 설거지를 하는 데 질려 버렸어.
굳이 뭐 하러 설거지를 해?

😣 ➡ _____

😐 ➡ _____

1 I'm sick of waking him up every morning. / Why bother waking him up?
2 I'm sick of doing the dishes instead of her. / Why bother doing the dishes?

ROLE PLAY WITH PATTERNS
034 생각/느낌 묻고 답하기

> How do you feel about _____?
>
> I think _____

패턴 1 **How do you feel about _____?** ~에 대해 어떻게 생각하나요?

feel about은 '~에 대해 느끼다[생각하다]'라는 뜻으로 about 뒤에 생각하는 대상이
와요. What do you think about ~?(~에 대해 뭐라고 생각해?)도 같은 의미로 쓰여요.

패턴 2 **I think _____** ~이라고 생각해요

think는 '생각하다'라는 동사예요. I think (that) ~은 '나는 ~이라고 생각한다'라는 의
미인데, '내 생각에는 ~ 같다'와 같은 느낌으로 사용해요.

A 패턴과 패턴의 대화를 읽으며 역할극하세요. ⑧

1
저에 대해 어떻게 생각하나요?
당신은 열심히 일하고 있다고 생각해요.

How do you feel about me?
I think you're hardworking.

2
제 계획에 대해 어떻게 생각하세요?
잘 짜였다고 생각해요. (organized 정리된, 조직화된)

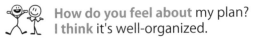
How do you feel about my plan?
I think it's well-organized.

⑧ | 1 | 2 | 3 | 4 | 5 | 숙련도 | 20 | 40 | 60 | 80 | 100 | %

B 패턴을 넣어 대화를 완성하고 역할극하세요. ⑥

1
이 장소에 대해 어떻게 생각하나요?
아늑하다고 생각해요.

⑥   this place?

☺   it's cozy.

2
내 제안에 대해 어떻게 생각해?
내 생각에는 합리적인 것 같아.

⑥   my proposal?

☺   it's reasonable.

3
이 도시에 사는 것에 대해 어떻게 생각하나요?
나쁘지 않은 것 같아요.

⑥   living in this city?

☺   it's not bad.

C 주어진 말을 이용하여 대화를 완성하고 역할극하세요.

> the suggestion 그 제안   absurd 불합리한, 터무니없는
> fast food 패스트푸드   unhealthy 건강에 해로운

1
그 제안에 대해 어떻게 생각하세요?
그건 불합리하다고 생각해요.

⑥ ➡

☹ ➡

2
패스트푸드에 대해 어떻게 생각하니?
내 생각에 그건 건강에 해로운 것 같아.

⑥ ➡

☹ ➡

1 How do you feel about the suggestion? / I think it's absurd.
2 How do you feel about fast food? / I think it's unhealthy.

Are you done _____ing?

Thanks to _____, I'm done

패턴1 **Are you done _____ing?** ~하는 것이 끝났나요?

done은 '다 마친[끝낸]'이라는 의미이고, done -ing는 '~하는 것을 끝내다'라는 뜻이에요. done 뒤에 명사를 쓰고 싶으면 〈done with + 명사〉로 쓴다는 것도 알아 두세요.

패턴2 **Thanks to _____, I'm done** ~ 덕분에 다했어요

Thanks to ~는 '~ 덕분에'라는 의미예요. Thanks to 다음에 이유나 원인을 쓰고, I'm done으로 마무리하면 '~ 덕분에 다했다[끝냈다]'는 표현이 돼요.

A 패턴과 패턴의 대화를 읽으며 역할극하세요. 🎧

1
논문 쓰는 것이 끝났나요?
당신 덕분에 끝났어요.

Are you done writing your paper?
Thanks to you, **I'm done**.

2
네 물건들 옮기는 것이 끝났어?
날씨 덕분에 끝났어.

Are you done moving your stuff?
Thanks to the weather, **I'm done**.

🎧 | 1 | 2 | 3 | 4 | 5 | 숙련도 | 20 | 40 | 60 | 80 | 100 | %

B 패턴을 넣어 대화를 완성하고 역할극하세요. 🎧

1 컴퓨터를 시험하는 게 끝났나요?
당신의 도움 덕분에 다했어요.

😃 _____ testing the computer?

😊 _____ your help, _____ .

2 보고서를 검토하는 게 끝났어?
내 친구들 덕분에 끝났어.

😃 _____ reviewing the report?

😊 _____ my friends, _____ .

3 탁자를 다 고쳤나요?
이 도구들 덕분에 다했어요.

😃 _____ fixing the table?

😊 _____ these tools, _____ .

C 주어진 말을 이용하여 대화를 완성하고 역할극하세요.

---
research 자료를 조사하다   the Internet 인터넷
the passage 그 지문   interpret 해석하다   dictionary 사전
---

1 자료 조사하는 게 끝났나요?
인터넷 덕분에 끝났어요.

😃 ➡ _____

😊 ➡ _____

2 그 지문 해석하는 거 끝났어?
이 사전 덕에 다했어.

😃 ➡ _____

😊 ➡ _____

1 Are you done researching? / Thanks to the Internet, I'm done.
2 Are you done interpreting the passage? / Thanks to this dictionary, I'm done.

209

036 ROLE PLAY WITH PATTERNS
음식 권유에 거절하기

Would you care for _____?

I'm not a big fan of _____

패턴1 Would you care for _____? ~을 좀 드시겠어요?

care for ~에는 '~을 보살피다[좋아하다, 관리하다]' 등 다양한 뜻이 있는데, Would you care for ~?는 '~을 드시겠어요?'라고 정중하게 음식을 권유하는 표현이에요.

패턴2 I'm not a big fan of _____ ~을 그다지 좋아하지는 않아요

fan은 '팬, 열성적인 지지자'라는 뜻이에요. big fan은 '~을 매우 좋아하는 사람'이라는 뜻인데 I'm not a big fan of ~는 '나는 ~을 그다지 좋아하지 않는다'라는 표현이 돼요.

A 패턴과 패턴의 대화를 읽으며 역할극하세요. ⑥

1
커피를 좀 드시겠어요?
커피를 그다지 좋아하지는 않아요.

Would you care for some coffee?
I'm not a big fan of coffee.

2
와인 한 잔 드시겠어요?
와인을 그다지 좋아하지는 않아요.

Would you care for a glass of wine?
I'm not a big fan of wine.

B 패턴을 넣어 대화를 완성하고 역할극하세요. ⑥

1
허브차를 좀 드시겠어요?
차를 그다지 좋아하지는 않아요.

(😊) _____ some herbal tea?

(😒) _____ tea.

2
샐러드를 좀 드시겠어요?
샐러드를 그다지 좋아하지는 않아요.

(😊) _____ some salad?

(😒) _____ salad.

3
사과를 드시겠어요?
과일을 그다지 좋아하지는 않아요.

(😊) _____ an apple?

(😒) _____ fruit.

C 주어진 말을 이용하여 대화를 완성하고 역할극하세요.

> some ice cream 약간의 아이스크림   dessert 디저트
> a piece of cake 케이크 한 조각   sweets 단 음식

1
아이스크림 좀 드시겠어요?
디저트를 그다지 좋아하지는 않아요.

(😊) ➡ _____

(😒) ➡ _____

2
케이크 한 조각 드시겠어요?
단 음식을 그다지 좋아하지는 않아요.

(😊) ➡ _____

(😒) ➡ _____

1 Would you care for some ice cream? / I'm not a big fan of dessert.
2 Would you care for a piece of cake? / I'm not a big fan of sweets.

037 예상 시간 묻고 답하기

When do you expect to _____?

It won't be long before _____

패턴1 **When do you expect to _____?** 언제 ~하리라 예상하나요?

expect to는 '~하리라고 예상하다'라는 뜻이에요. 의문사 when(언제)을 넣은 When do you expect to ~?는 '당신은 언제 ~하리라고 예상하나요?'라고 묻는 표현이에요.

패턴2 **It won't be long before _____** 머지않아 ~할 거예요

long은 '(시간이) 오래 걸리는, 긴'이라는 뜻이에요. It won't be long before ~는 '시간이 오래 걸리기 전에 ~할 것이다', 즉 '머지않아 ~할 것이다'라는 표현이에요.

A 패턴과 패턴의 대화를 읽으며 역할극하세요. 🎧

1
언제 돌아오리라 예상하나요?
머지않아 돌아올 거예요.

When do you expect to be back?
It won't be long before I come back.

2
언제 그 작업을 완수하리라고 예상하나요?
머지않아 우리가 그걸 끝낼 수 있을 거예요.

When do you expect to complete the task?
It won't be long before we can finish it.

🎧 1 2 3 4 5 숙련도 20 40 60 80 100 %

B 패턴을 넣어 대화를 완성하고 역할극하세요. ⑥

1 언제 그녀를 볼 거라고 예상하시나요?
머지않아 그녀를 볼 수 있을 거예요.

🙂 _____ see her?

😊 _____ I can see her.

2 언제 월급이 오를 거라고 예상하시나요?
머지않아 월급이 오를 거예요.

🙂 _____ get a raise?

😊 _____ I get a raise.

3 언제 지급될 것으로 예상하시나요?
머지않아 지급받을 거예요.

🙂 _____ be paid?

😊 _____ I get paid.

C 주어진 말을 이용하여 대화를 완성하고 역할극하세요.

> graduate 졸업하다   get promoted 승진하다

1 언제 졸업하리라고 예상하나요?
머지않아 졸업할 수 있을 거예요.

🙂 ➡

😊 ➡

2 언제 승진하리라고 예상하나요?
머지않아 승진할 거예요.

🙂 ➡

😊 ➡

1 When do you expect to graduate? / It won't be long before I can graduate.
2 When do you expect to get promoted? / It won't be long before I get promoted.

038 ROLE PLAY WITH PATTERNS
취미 활동 제안에 거절하기

패턴1 **Let's go _____ing** ~하러 가요

let's는 '~하자'라는 뜻이며, 뒤에 동사원형을 써요. '~하러 가다'는 go to ~, go for ~ 등
이 있지만, 여기서는 취미 활동을 권유할 때 쓰는 go -ing(~하러 가다)를 연습해요.

패턴2 **I'm fed up with _____** ~에 질렸어요

feed는 '먹이다, 공급하다'라는 뜻으로, fed up은 '너무 많이 공급되어 질린'이라는 의미
예요. 그래서 I'm fed up with ~는 '~에 질려 버리다'라는 표현이 되었어요.

A 패턴과 패턴의 대화를 읽으며 역할극하세요. 🎧

1
캠핑하러 갑시다.
캠핑에 질렸어요.

Let's go camp**ing**.
I'm fed up with camping.

2
수영하러 가요.
수영은 지긋지긋해요.

Let's go swimm**ing**.
I'm fed up with swimming.

🎧 1 2 3 4 5 숙련도 20 40 60 80 100 %

1 쇼핑하러 갑시다.
쇼핑에는 진저리가 나요.

😊 _____ shopping.

😒 _____ shopping.

2 낚시하러 가요.
낚시하는 거에 질렸어요.

😊 _____ fishing.

😒 _____ fishing.

3 노래하러 가자.
노래하는 거에 진저리가 나.

😊 _____ singing.

😒 _____ singing.

C 주어진 말을 이용하여 대화를 완성하고 역할극하세요.

bowl 볼링을 치다   ski 스키 타다

1 볼링 치러 가자.
볼링은 넌더리가 나.

😊 ➡ _____

😒 ➡ _____

2 스키 타러 가요.
스키는 지긋지긋해요.

😊 ➡ _____

😒 ➡ _____

1 Let's go bowling. / I'm fed up with bowling.
2 Let's go skiing. / I'm fed up with skiing.

215

반대 의견에 동조하기

I'm not in favor of _____

Let's not _____

[패턴 1] **I'm not in favor of _____** ~하는 데 찬성하지 않아요

favor(지지, 찬성)가 들어간 be in favor of ~는 '~을 찬성하다'이므로, I'm not in favor of ~는 '나는 ~에 찬성하지 않는다'라는 표현이 돼요. of 뒤에 명사나 동명사를 써요.

[패턴 2] **Let's not _____** ~하지 맙시다

Let's ~(~하자)의 부정형은 Let's not ~으로 '~하지 말자[맙시다]'라는 의미예요. not 다음에 동사원형을 써요.

A 패턴과 패턴의 대화를 읽으며 역할극하세요. 🎧

1 벽을 허무는 데 찬성하지 않아요.
그걸 허물지 맙시다.

I'm not in favor of removing the wall.
Let's not remove it.

2 울타리를 쌓는 데 찬성하지 않아요.
울타리를 쌓지 맙시다.

I'm not in favor of building a fence.
Let's not build a fence.

🎧 | 1 | 2 | 3 | 4 | 5 | 숙련도 | 20 | 40 | 60 | 80 | 100 | %

B 패턴을 넣어 대화를 완성하고 역할극하세요. ⑧

1 그의 제안을 받아들이는 데 찬성하지 않아요.
그의 제안을 받아들이지 맙시다.

😐   accepting his proposal.

😮   accept his proposal.

2 로고를 바꾸는 데 찬성하지 않아요.
로고를 바꾸지 맙시다.

😐   changing the logo.

😮   change the logo.

3 전신 스캐너를 사용하는 데 찬성하지 않아요.
전신 스캐너를 사용하지 맙시다.

😐   using body scanners.

😮   use body scanners.

C 주어진 말을 이용하여 대화를 완성하고 역할극하세요.

the rule 그 규칙   modify 변경[수정]하다
the candidate 그 후보   support 지지하다

1 그 규칙을 변경하는 데 찬성하지 않아요.
그 규칙을 변경하지 맙시다.

😐 ➡

😮 ➡

2 그 후보를 지지하는 데 찬성하지 않아요.
그 후보를 지지하지 맙시다.

😐 ➡

😮 ➡

1 I'm not in favor of modifying the rule. / Let's not modify the rule.
2 I'm not in favor of supporting the candidate. / Let's not support the candidate.

217

040 아픈 곳 말하고 조언하기

패턴1 _____ **hurt** ~이 아파요

hurt는 '~을 다치게 하다'와 '(신체 일부가) 아프다[고통스럽다]'라는 뜻이 있어요. 〈신체 부위 + hurt〉는 '~이 아프다'라는 표현이에요. 주어가 단수이면 hurt에 -s를 붙여요.

패턴2 **You'd better** _____ ~하는 게 좋겠어요

had better(~하는 편이 더 좋겠다)는 뒤에 동사원형을 쓰고, 부정은 had better not ~ 이에요. had는 주어 뒤에 줄여서 'd로 많이 쓰며, 거의 안 들릴 정도로 약하게 발음해요.

A 패턴과 패턴의 대화를 읽으며 역할극하세요. 🎧

1
다리가 아파요.
의사에게 가 보는 게 좋겠어요.

My legs **hurt**.
You'd better go see your doctor.

2
머리가 아파.
오늘 일하지 않는 게 좋겠어.

My head **hurts**.
You'd better not work today.

218   🎧 | 1 | 2 | 3 | 4 | 5 | 숙련도 | 20 | 40 | 60 | 80 | 100 | %

B 패턴을 넣어 대화를 완성하고 역할극하세요. ⑥

1
어깨가 아파요.
약을 먹는 게 좋겠어요.

😟 My shoulders _____.

😮 _____ take medicine.

2
허리가 아파요.
어떤 운동도 하지 않는 게 좋겠어요.

😟 My back _____ s.

😮 _____ not play any sports.

3
발가락이 아파요.
집에 머물면서 쉬는 게 좋겠어요.

😟 My toes _____.

😮 _____ stay home and rest.

C 주어진 말을 이용하여 대화를 완성하고 역할극하세요.

> my throat 목구멍   warm 따뜻한   drink 마시다
> my eyes 눈   for a while 잠깐 동안   close your eyes 눈을 감다

1
목구멍이 아파요.
따뜻한 물을 마시는 게 좋겠어요.

😟 ➡ _____

😮 ➡ _____

2
눈이 아파.
잠깐 눈을 감는 게 좋겠어.

😟 ➡ _____

😮 ➡ _____

1 My throat hurts. / You'd better drink warm water.
2 My eyes hurt. / You'd better close your eyes for a while.

REVIEW 배운 패턴들을 복습하세요.

1 수영하러 가요.
수영은 지긋지긋해요. (fed)

Ⓐ _____ swimming.
Ⓑ _____ swimming.

2 제 계획에 대해 어떻게 생각하세요? (느껴지세요?)
잘 짜였다고 생각해요.

Ⓐ _____ my plan?
Ⓑ _____ it's well-organized.

3 와인 한 잔 드시겠어요? (care)
와인을 그다지 좋아하지는 않아요. (fan)

Ⓐ _____ a glass of wine?
Ⓑ _____ wine.

4 언제 돌아오리라 예상하시나요?
머지않아 돌아올 거예요.

Ⓐ _____ be back?
Ⓑ _____ I come back.

정답 **1** Let's go / I'm fed up with **2** How do you feel about / I think **3** Would you care for / I'm not a big fan of **4** When do you expect to / It won't be long before

220

5 이 상황을 더는 참을 수 없어.
네 생각에 완전히 동의해.

Ⓐ ⬚⬚⬚⬚⬚ this situation anymore.
Ⓑ ⬚⬚⬚⬚⬚ your thoughts.

6 벽을 허무는 데 찬성하지 않아요.
그걸 허물지 맙시다.

Ⓐ ⬚⬚⬚⬚⬚ removing the wall.
Ⓑ ⬚⬚⬚⬚⬚ remove it.

7 논문 쓰는 것이 끝났나요?
당신 덕분에 끝났어요.

Ⓐ ⬚⬚⬚⬚⬚ writing your paper?
Ⓑ ⬚⬚⬚⬚⬚ you, ⬚⬚⬚⬚⬚.

8 그와 이야기하는 게 지긋지긋해. (sick)
굳이 뭐 하러 그에게 말을 걸어?

Ⓐ ⬚⬚⬚⬚⬚ talking to him.
Ⓑ ⬚⬚⬚⬚⬚ talking to him?

정답 **5** I can't stand / I couldn't agree more with **6** I'm not in favor of / Let's not
7 Are you done / Thanks to, I'm done **8** I'm sick of / Why bother

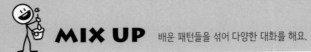

MIX UP 배운 패턴들을 섞어 다양한 대화를 해요.

1 그의 무례함을 참을 수가 없어요.
굳이 왜 그에게 말을 겁니까?

A _____ his rudeness.
B _____ talking to him?

2 언제 일을 마칠 것으로 예상하세요?
저의 상사 덕분에, 끝났어요

A _____ finish your work?
B _____ my boss, _____.

3 왜 제가 여기서 시간을 낭비해야 하죠?
당신에게 완전히 동의해요.

A _____ waste my time here?
B _____ you.

4 제 생각에 그는 무지 친절하지는 않은 것 같아요.
저 또한 그의 엄청난 팬은 아니에요. (그다지 좋아하지 않아요)

A _____ he is not very kind.
B _____ him, either.

정답 **1** I can't stand / Why bother **2** When do you expect to / Thanks to, I'm done
3 Why do I have to / I couldn't agree more with **4** I think / I'm not a big fan of

222

5 머지않아 그녀가 도착할 거예요.
여기서 기다리는 거에 질렸어요. (sick)

Ⓐ ＿＿＿＿＿＿＿＿＿＿ she arrives.
Ⓑ ＿＿＿＿＿＿＿ waiting here.

6 그 장소에 대해서 어떻게 느끼시나요?
저는 거기서 묵는 것에 찬성하지 않아요. (favor)

Ⓐ ＿＿＿＿＿＿＿＿＿ the place?
Ⓑ ＿＿＿＿＿＿＿ staying there.

7 저는 그의 농담이 지긋지긋해요. (fed)
그건 당신이 이해하지 못하기 때문이에요.

Ⓐ ＿＿＿＿＿＿＿＿ his jokes.
Ⓑ ＿＿＿＿＿＿＿ you don't understand.

8 제 발이 아파요. (feet은 foot의 복수형)
언덕을 올라가지 맙시다.

Ⓐ My feet ＿＿＿＿＿＿ .
Ⓑ ＿＿＿＿＿＿＿ go up the hill.

정답 **5** It won't be long before / I'm sick of **6** How do you feel about / I'm not in favor of **7** I'm fed up with / That's because **8** hurt / Let's not

Do you have any _____?

Let me check if _____

(패턴1) **Do you have any _____?** ~이 좀 있나요?

뭔가를 가지고 있는지 물어보는 표현이에요. 의문문과 부정문에서는 보통 any를 쓰지만, 긍정의 대답을 예상하는 경우(~ 있지? 그거 좀 줘.)에는 some을 쓰기도 해요.

(패턴2) **Let me check if _____** ~인지 확인해 볼게요

check는 '확인하다', if는 '~인지 아닌지'라는 뜻이에요. Let me check if ~는 '~인지 확인해 볼게요'라는 표현이에요.

A 패턴과 패턴의 대화를 읽으며 역할극하세요. 🎧

1
진통제가 좀 있나요?
좀 있는지 확인해 볼게요.

Do you have any painkillers?
Let me check if I have some.

2
물어볼 질문이 좀 있나요?
제가 모든 걸 알고 있는지 확인해 볼게요.

Do you have any questions to ask?
Let me check if I know everything.

🎧 | 1 | 2 | 3 | 4 | 5 | 숙련도 | 20 | 40 | 60 | 80 | 100 | %

B 패턴을 넣어 대화를 완성하고 역할극하세요. 🔊

1 이 다음에 일정이 좀 있나요?
회의가 있는지 확인해 볼게요.

😀 _____ schedule after this?

🙂 _____ I have any meetings.

2 새로운 정보가 좀 있나요?
뭐라도 있는지 확인해 볼게요.

😀 _____ new information?

🙂 _____ there is any.

3 제가 읽을 수 있는 책이 좀 있나요?
당신을 위한 책이 뭐라도 있는지 확인해 볼게요.

😀 _____ books that I can read?

🙂 _____ there are any books for you.

C 주어진 말을 이용하여 대화를 완성하고 역할극하세요.

proof of identity 신분을 증명할 만한 것   identification 신분증
room 객실, 방   check in 체크인하다

1 신분을 증명할 만한 것이 좀 있나요?
신분증이 있는지 확인해 볼게요.

😀 ➡ _____

🙂 ➡ _____

2 제가 체크인할 수 있는 객실이 좀 있나요?
좀 있는지 확인해 볼게요.

😀 ➡ _____

🙂 ➡ _____

1 Do you have any proof of identity? / Let me check if I have any identification.
2 Do you have any room I can check in? / Let me check if there is any.

225

ROLE PLAY WITH PATTERNS
아프다는 말에 위로하기

I came down with _____

I'm sorry to hear that _____

패턴1 **I came down with** _____ ~(병)에 걸렸어요

down은 '아래'라는 뜻 외에도 '(상태나 가치가) 나빠진'이라는 뜻이 있어요. I come down with ~는 '(병에) 걸리다'라는 표현이에요. came은 come의 과거형이에요.

패턴2 **I'm sorry to hear that** _____ ~이라니 안됐군요

sorry는 '유감스러운[안타까운]'이라는 말이에요. I'm sorry to hear that ~은 좋지 않은 소식을 들었을 때 '~이라니 안 됐군요[유감이에요]'라는 유감의 표현이에요.

A 패턴과 패턴의 대화를 읽으며 역할극하세요. 🔊

1
독감에 걸렸어요.
아프다니 안됐군요.

I came down with a bad cold.
I'm sorry to hear that you are sick.

2
당뇨병에 걸렸어요. (diabetes 당뇨병)
당뇨병에 걸렸다니 안됐군요.

I came down with diabetes.
I'm sorry to hear that you have diabetes.

🔊 | 1 | 2 | 3 | 4 | 5 | 숙련도 | 20 | 40 | 60 | 80 | 100 | %

B 패턴을 넣어 대화를 완성하고 역할극하세요. ⑥

1
끔찍한 독감에 걸렸어.
감기에 걸렸다니 안됐네.

☹   a nasty flu.

🙂   you got a flu.

2
열병에 걸렸어요.
열이 있다는 말을 들으니 안됐어요.

☹   a fever.

🙂   you have a fever.

3
식중독에 걸렸어요.
식중독이라는 말을 들으니 유감이네요.

☹   food poisoning.

🙂   you're food poisoned.

C 주어진 말을 이용하여 대화를 완성하고 역할극하세요.

a runny nose 콧물감기	got a runny nose 콧물감기에 걸렸다
a stomach bug 배탈, 장염	sick 아픈

1
콧물감기에 걸렸어요.
콧물감기에 걸렸다니 안됐군요.

☹ ⇒

🙂 ⇒

2
배탈이 났어.
아프다니 안됐네.

☹ ⇒

🙂 ⇒

---

1 I came down with a runny nose. / I'm sorry to hear that you got a runny nose.
2 I came down with a stomach bug. / I'm sorry to hear that you are sick.

227

You're supposed to _____

Why should I _____?

(패턴 1) **You're supposed to _____** 당신은 ~하기로 되어 있어요

suppose(추정[추측]하다)의 수동태인 be supposed to는 주어가 '~할 것으로 추측되고 있다, 즉 '~하기로 되어 있다'라는 의미가 돼요. '~해야 한다'라는 의미로도 써요.

(패턴 2) **Why should I _____?** 왜 제가 ~해야 하죠?

should는 '~해야 한다'라는 뜻의 조동사예요. 의문사 why(왜)와 함께 Why should I ~?라고 하면 '내가 왜 ~해야 하죠?'라는 이유를 묻는 표현이 돼요.

A 패턴과 패턴의 대화를 읽으며 역할극하세요. 🎧

1
당신은 정오까지 여기 오기로 되어 있어요.
왜 제가 그때까지 여기 와야 하죠?

You're supposed to be here by noon.
Why should I be here by then?

2
너는 과제를 끝내기로 되어 있어.
내가 왜 그걸 끝내야 하죠?

You're supposed to finish the assignment.
Why should I finish it?

B 패턴을 넣어 대화를 완성하고 역할극하세요. ⑥

1 당신이 티켓을 사기로 되어 있어요.
왜 제가 티켓을 사야 하죠?

🙂   buy a ticket.

😞   get a ticket?

2 당신은 당신의 이름을 적어야 해요.
왜 제가 여기에 제 이름을 남겨야 하죠?

🙂   write down your name.

😞   leave my name here?

3 너는 네 방에 있어야 해.
왜 제가 제 방에 있어야 하죠?

🙂   be in your room.

😞   stay in my room?

C 주어진 말을 이용하여 대화를 완성하고 역할극하세요.

---

check out 체크아웃하다, 객실 등에서 나가다   that early 그렇게 일찍
ID card 신분증   present 제시하다   show 보여 주다

---

1 당신은 9시에 체크아웃하기로 되어 있어요.
내가 왜 그렇게 일찍 체크아웃해야 하죠?

🙂 ➡

😞 ➡

2 당신은 신분증을 제시하기로 되어 있어요.
내가 왜 신분증을 보여 줘야 하죠?

🙂 ➡

😞 ➡

1 You're supposed to check out at 9. / Why should I check out that early?
2 You're supposed to present your ID card. / Why should I show my ID card?

229

ROLE PLAY WITH PATTERNS
044 익숙하지 않다고 말하기

I'm not familiar with _____

Just let me _____

패턴1 **I'm not familiar with** _____ ~에 익숙하지 않아요

familiar는 '친숙한, 익숙한'의 뜻으로, 흔히 be familiar with ~(~에 익숙하다)의 형태로 써요. I'm not familiar with ~는 '나는 ~에 익숙하지 않다'라는 표현이에요.

패턴2 **Just let me** _____ 제가 좀[그냥] ~할게요

let은 '~하게 (놔)두다'라는 뜻으로 let me ~는 '내가 ~하게 (놔)두세요'라는 의미에서 '제가 ~할게요'라는 표현이 되었어요. just는 '그냥, 좀'이라는 뜻이에요.

A 패턴과 패턴의 대화를 읽으며 역할극하세요. 🎧

1
저는 체스에 익숙하지 않아요.
제가 좀 보여 드릴게요.

I'm not familiar with chess.
Just let me show you.

2
나는 그 앱에 익숙하지 않아.
내가 그냥 그걸 사용하는 법에 대해 얘기해 줄게.

I'm not familiar with the application.
Just let me tell you how to use it.

🎧 | 1 | 2 | 3 | 4 | 5 | 숙련도 | 20 | 40 | 60 | 80 | 100 | %

B 패턴을 넣어 대화를 완성하고 역할극하세요. ⑥

1 저는 이 지역을 잘 알지 못해요.
제가 좀 안내해 드릴게요.

😟   this area.

🙂   guide you.

2 저는 컴퓨터 프로그래밍을 잘 몰라요.
제가 그냥 그걸 처리할게요.

😟   computer programming.

🙂   handle it.

3 나는 이 주제에 대해 익숙하지 않아.
내가 그냥 조금 설명해 줄게.

😟   this subject.

🙂   explain a little bit.

C 주어진 말을 이용하여 대화를 완성하고 역할극하세요.

> a camera 카메라   take a look at ~을 한 번 보다
> Indian food 인도 음식   introduce 소개하다

1 나는 카메라를 잘 몰라.
내가 그냥 그걸 한 번 볼게.

😟 ➡

🙂 ➡

2 나는 인도 음식에 익숙하지 않아요.
그냥 제가 인도 음식을 소개해 드릴게요.

😟 ➡

🙂 ➡

1 I'm not familiar with a camera. / Just let me take a look at it.
2 I'm not familiar with Indian food. / Just let me introduce Indian food.

231

I'm having trouble _____ing

I'll take care of _____

패턴 1 **I'm having trouble _____ing** ~하는 데 어려움이 있어요

trouble은 '문제, 어려움'이라는 뜻이에요. I'm having trouble -ing는 '~하는 데 어려움이 있다, ~하느라 애를 먹다'라는 표현이에요.

패턴 2 **I'll take care of _____** ~은 제가 처리할게요

take care of ~는 '(일, 문제 등을) 처리하다, 돌보다'라는 뜻이에요. I'll take care of ~는 '~은 제가 처리할게요'라는 표현으로 of 다음에 문제나 어려운 상황을 명사로 써요.

A 패턴과 패턴의 대화를 읽으며 역할극하세요. 🔊

1
로그인하는 데 어려움이 있어요.
그 문제는 제가 맡을게요.

I'm having trouble logging in.
I'll take care of that matter.

2
모두를 조용히 시키는 데 어려움이 있어요
그쪽 일은 제가 처리할게요.

I'm having trouble keeping everyone quiet.
I'll take care of that side of things.

🔊 | 1 | 2 | 3 | 4 | 5 | 숙련도 | 20 | 40 | 60 | 80 | 100 | %

B 패턴을 넣어 대화를 완성하고 역할극하세요. ⑥

1
내 열쇠를 찾는 데 어려움이 있어요.
그건 제가 처리할게요.

☹   finding my key.

☺   that.

2
그 문을 여는 데 어려움이 있어요.
그 문은 제가 처리할게요.

☹   opening the door.

☺   the door.

3
인터넷에 접속하는 데 어려움이 있어요.
그 문제는 제가 당장 처리할게요.

☹   connecting to the Internet.

☺   the issue right away.

C 주어진 말을 이용하여 대화를 완성하고 역할극하세요.

> the system 그 시스템   use 사용하다   the problem 그 문제
> get the car started 차에 시동을 걸다

1
그 시스템을 사용하는 데 어려움이 있어요.
그 문제는 제가 처리할게요.

☹ ➡

☺ ➡

2
차에 시동을 거는 데 어려움이 있어요.
그 차는 제가 처리할게요.

☹ ➡

☺ ➡

1 I'm having trouble using the system. / I'll take care of the problem.
2 I'm having trouble getting the car started. / I'll take care of the car.

233

046 기대치 않은 좋은 일 말하기

I didn't expect to _____

You deserve _____

패턴 1 **I didn't expect to** _____ ~하리라 기대하지 않았어요

'~하리라고 기대하다'라는 뜻의 expect to의 과거 부정인 I didn't expect to ~는 '~하리라 기대하지 않았다'라는 표현으로, 예기치 않은 일에 대한 놀라움을 나타내요.

패턴 2 **You deserve** _____ 당신은 ~할 자격이 있어요

deserve는 '~을 받을 만하다'라는 뜻으로, 뒤에는 명사를 쓰거나 〈to + 동사원형〉을 써서 '~할 자격이 있다, ~해 마땅하다'라는 의미로 많이 사용해요.

A 패턴과 패턴의 대화를 읽으며 역할극하세요. 🎧

1
경기에서 이기리라 기대하지 않았어요.
당신은 승리할 자격이 있어요.

I didn't expect to win the match.
You deserve to win.

2
상을 받으리라고는 기대하지 않았어.
너는 수상자가 될 자격이 있어.

I didn't expect to win a prize.
You deserve to be a prize winner.

🎧 | 1 | 2 | 3 | 4 | 5 | 수련도 | 20 | 40 | 60 | 80 | 100 | %

B 패턴을 넣어 대화를 완성하고 역할극하세요. ⑧

1 이 메달을 획득하리라고는 기대하지 않았어요.
당신은 그 메달을 받을 자격이 있어요.

😕 _____ earn this medal.

🙂 _____ the medal.

2 그 시험에서 A를 받으리라고는 기대하지 않았어요.
당신은 A를 받을 자격이 있어요.

😕 _____ get an A in the exam.

🙂 _____ to get an A.

3 상을 탈 것이라고 기대하지 않았어요.
당신은 상 받을 자격이 있어요.

😕 _____ get a reward.

😫 _____ to be rewarded.

C 주어진 말을 이용하여 대화를 완성하고 역할극하세요.

> as a violinist 바이올린 연주자로서   succeed 성공하다
> come in first 1등으로 들어오다   win the race 우승하다

1 저는 바이올린 연주자로서 성공하리라 기대하지 않았어요.
당신은 성공할 자격이 있어요.

😕 ⇒ _____

🙂 ⇒ _____

2 제가 1등으로 들어오리라고는 기대하지 않았어요.
당신은 우승할 자격이 있어요.

😕 ⇒ _____

🙂 ⇒ _____

1 I didn't expect to succeed as a violinist. / You deserve to succeed.
2 I didn't expect to come in first. / You deserve to win the race.

ROLE PLAY WITH PATTERNS
간절함 말하고 자제 권고하기

패턴 1 **I'm dying to** _____ ~하고 싶어 죽겠어요

die는 '죽다'라는 뜻의 동사예요. I'm dying to ~는 '~하고 싶어 죽겠다'라는 표현으로
간절히 원하는 바를 나타내요. to 다음에는 하고 싶은 일을 동사원형으로 써요.

패턴 2 **Don't get too** _____ 너무 ~하지 마세요

Don't get too ~는 '지나치게[너무] ~하지 마세요'라는 표현으로 too 다음에는 형용사
가 와요. 여기서 동사 get은 '~한 상태가 되다'라는 뜻이에요.

A 패턴과 패턴의 대화를 읽으며 역할극하세요. 🔊

1
무슨 일이 있었는지 알고 싶어 죽겠어요.
너무 궁금해하지 마세요.

I'm dying to know what happened.
Don't get too curious.

2
질문하고 싶어 죽겠어요.
초반에 너무 사적으로 대하지 마세요.

I'm dying to ask questions.
Don't get too personal at first.

🔊 1 2 3 4 5 수련도 20 40 60 80 100 %

B 패턴을 넣어 대화를 완성하고 역할극하세요. ⑥

1 그녀가 보고 싶어 죽겠어요.
그녀와 너무 가깝게 지내지 마세요.

😔   see her.

😇   close to her.

2 결과를 알고 싶어 죽겠어.
너무 기대하지는 마.

😔   get the results.

😇   hopeful.

3 그 수족관에 가고 싶어 죽겠어요.
너무 흥분하지는 마.

😔   go to the aquarium.

😇   excited.

C 주어진 말을 이용하여 대화를 완성하고 역할극하세요.

> what's next 다음이 무엇인지   serious 진지한
> who broke my phone 누가 내 전화기를 깨뜨렸는지   find out 알아내다   mad 화난

1 다음이 무엇인지 알고 싶어 죽겠어.
너무 진지해지지는 마.

😔 ⇒

😇 ⇒

2 누가 내 전화기를 깨뜨렸는지 알아내고 싶어 죽겠어요.
너무 화내지는 마세요.

😔 ⇒

😇 ⇒

1 I'm dying to know what's the next. / Don't get too serious.
2 I'm dying to find out who broke my phone. / Don't get too mad.

ROLE PLAY WITH PATTERNS
O48 실패했다는 말에 답하기

I failed to _____

It's hard to believe _____

패턴1 **I failed to _____** ~하는 데 실패했어요

fail to ~는 '~하는 데 실패하다'라는 뜻이에요. 과거형인 I failed to ~는 '~하는 데 실패했다'라는 표현으로 to 다음에는 실패한 동작 및 행위를 동사원형으로 써요.

패턴2 **It's hard to believe _____** ~이라니 믿기 어렵네요

It's hard to(~하기 어렵다) 뒤에 believe(믿다)를 쓰면 '~을 믿는 것이 어렵다', 즉 '~이라니 믿기 어렵다'라는 의미가 돼요. 예상치 못한 일에 대한 놀라움을 나타낼 때 써요.

A 패턴과 패턴의 대화를 읽으며 역할극하세요. 🔊

1
그 기회를 잡는 데 실패했어요.
그걸 잡을 수 없었다니 믿기 어렵네요.

I failed to catch the opportunity.
It's hard to believe you couldn't catch it.

2
오디션에 합격하는 데 실패했어요.
당신이 그 배역을 맡지 못했다니 믿기 어렵네요.

I failed to pass the audition.
It's hard to believe you didn't get the part.

B 패턴을 넣어 대화를 완성하고 역할극하세요. ⑥

1
그 질문에 대답하는 데 실패했어.
네가 그것에 대답할 수 없었다니 믿기 어려워.

☹ _____ answer that question.

😲 _____ you couldn't answer it.

2
그 시험에 통과하는 데 실패했어요.
그 시험에 떨어졌다니 믿기 어렵네요.

☹ _____ pass the exam.

😲 _____ you failed the exam.

3
그 상황에서 침착할 수가 없었어요.
그럴 수 없었다니 믿기 어렵네요.

☹ _____ stay calm in that situation.

😲 _____ you couldn't.

C 주어진 말을 이용하여 대화를 완성하고 역할극하세요.

| find a job 일자리를 찾다 | get a job 일자리를 구하다 |
| convince 납득시키다 | do that 그렇게 하다 |

1
일자리를 찾는 데 실패했어.
네가 일자리를 구할 수 없었다니 믿기 어려워.

☹ ➡ _____

😲 ➡ _____

2
그녀를 납득시키는 데 실패했어요.
당신이 그렇게 할 수 없었다니 믿기 어려워요.

☹ ➡ _____

😲 ➡ _____

1 I failed to find a job. / It's hard to believe you couldn't get a job.
2 I failed to convince her. / It's hard to believe you couldn't do that.

049 ROLE PLAY WITH PATTERNS
믿을 수 없음과 불가능 말하기

패턴 1 **I can't believe** _____ ~이라니 믿기지 않아요, 믿을 수 없어요

I can't believe (that) ~은 '~이라는 걸 믿을 수 없다'라는 뜻으로, 예측을 벗어나거나 당황스러운 상황에 대한 놀라움을 표현할 때 써요. believe 뒤의 that은 주로 생략해요.

패턴 2 **It's impossible to** _____ ~하는 건 불가능해요

possible(가능한) 앞에 im-이 붙은 impossible은 '불가능한'이라는 말이 돼요. It's impossible to ~는 '~하는 건 불가능하다'라는 표현으로 to 다음에 동사원형을 써요.

A 패턴과 패턴의 대화를 읽으며 역할극하세요. 🎧

1
마지막 날이라는 게 믿기지 않아요.
시계를 되돌리는 것은 불가능해요. (rewind 되감다)

I can't believe it is the last day.
It's impossible to rewind the clock.

2
그가 나타나지 않았다니 믿을 수 없어요.
그를 여기로 끌고 오는 건 불가능해요.

I can't believe he didn't show up.
It's impossible to drag him here.

240

🎧 | 1 | 2 | 3 | 4 | 5 | 숙련도 | 20 | 40 | 60 | 80 | 100 | %

1 그녀가 영영 떠나 버리다니 믿기지 않아요. (for good 영원히)
그녀를 다시 데려오는 것은 불가능해요.

😩   she left for good.

⑥   bring her back.

2 우리가 지고 있다니 믿을 수가 없어요.
경기를 역전시키는 것은 불가능해요.

😩   we're losing.

⑥   turn the game around.

3 그가 내 돈을 가져갔다니 믿기지가 않아요.
지금 그를 쫓는 것은 불가능해요.

😩   he took my money.

⑥   trace him now.

C 주어진 말을 이용하여 대화를 완성하고 역할극하세요.

fired 해고했다	his decision 그의 결정	change 바꾸다
lost the championship 챔피언 자격을 잃었다	result 결과	reverse 뒤집다

1 그가 당신을 해고했다니 믿을 수 없어요.
그의 결정을 바꾸는 건 불가능해요.

😩 ➡

⑥ ➡

2 그들이 챔피언 자격을 잃었다니 믿을 수 없어요.
그 결과를 뒤집는 건 불가능해요.

😩 ➡

⑥ ➡

1 I can't believe he fired you. / It's impossible to change his decision.
2 I can't believe they lost the championship. / It's impossible to reverse the result.

패턴 1 **I can't imagine _____** ~은 상상도 못하겠어요

imagine은 '상상하다'라는 말이에요. I can't imagine ~은 '~은 상상[짐작]조차 할 수 없다'라는 표현이에요. imagine 뒤에는 명사나 동명사(-ing)를 써요.

패턴 2 **It's no good _____ing** ~해 봐야 소용없어요

It's no good -ing는 '~해 봐야 소용[쓸모]없다'라는 표현이에요. good 다음에 동명사 (-ing)를 쓴다는 점에 주의하세요.

A 패턴과 패턴의 대화를 읽으며 역할극하세요. 🎧

1

그녀 없는 인생은 상상도 할 수가 없어.
후회해 봐야 소용없어.

I can't imagine life without her.
It's no good regretting.

2

더 안 좋은 상황은 상상도 할 수 없어요.
불평해 봐야 소용없어요.

I can't imagine a worse situation.
It's no good complaining.

🎧 1 2 3 4 5 숙련도 20 40 60 80 100 %

B 패턴을 넣어 대화를 완성하고 역할극하세요. ⑥

1 그들의 극심한 고통을 상상도 못하겠어요.
그들에 대해 걱정해 봐야 소용없어요.

⑥ _____ their terrible pain.

😞 _____ worrying about them.

2 다른 여자와 함께 있는 그를 상상도 못하겠어요.
그에 대해 생각해 봐야 아무 소용없어요.

⑥ _____ him with another woman.

😞 _____ thinking about him.

3 그의 실망은 상상도 못하겠어.
그를 격려해 봐야 아무 소용없어.

⑥ _____ his disappointment.

😞 _____ cheering him up.

C 주어진 말을 이용하여 대화를 완성하고 역할극하세요.

be sicker 더 아프다   grumble 투덜거리다 – grumbling
heartbreaking sorrow 가슴이 찢어지는 슬픔   care too much 너무 많이 신경 쓰다

1 더 아픈 건 상상도 못하겠어.
투덜거려 봐야 소용없어.

⑥ ➡ _____

😞 ➡ _____

2 그들의 가슴이 찢어질 것 같은 슬픔은 상상도 못하겠어요.
지나치게 신경 써 봐야 소용없어요.

⑥ ➡ _____

😞 ➡ _____

1 I can't imagine being sicker. / It's no good grumbling.
2 I can't imagine their heartbreaking sorrow. / It's no good caring too much.

1 그녀 없는 인생은 상상도 할 수가 없어.
후회해 봐야 소용없어.

Ⓐ _____ life without her.

Ⓑ _____ regretting.

2 내가 상을 받으리라고는 기대하지 않았어요.
당신은 수상자가 될 자격이 있어요.

Ⓐ _____ win a prize.

Ⓑ _____ to be a prize winner.

3 진통제가 좀 있나요? (have)
좀 있는지 확인해 볼게요. (let)

Ⓐ _____ painkillers?

Ⓑ _____ I have some.

4 무슨 일이 있었는지 알고 싶어 죽겠어.
너무 궁금해하지 마.

Ⓐ _____ know what happened.

Ⓑ _____ curious.

정답 **1** I can't imagine / It's no good **2** I didn't expect to / You deserve
3 Do you have any / Let me check if **4** I'm dying to / Don't get too

5 로그인하는 데 어려움이 있어요.
그 문제는 제가 맡을게요.

Ⓐ ⬚⬚⬚⬚⬚⬚⬚⬚⬚ logging in.

Ⓑ ⬚⬚⬚⬚⬚⬚⬚ of that matter.

6 당신은 정오까지 여기 와야 해요. (오기로 되어 있어요)
왜 제가 그때까지 여기 와야 하죠? (should)

Ⓐ ⬚⬚⬚⬚⬚⬚⬚⬚ be here by noon.

Ⓑ ⬚⬚⬚⬚⬚⬚ be here by then?

7 독감에 걸렸어요. (down)
아프다니 안됐군요.

Ⓐ ⬚⬚⬚⬚⬚⬚⬚ a bad cold.

Ⓑ ⬚⬚⬚⬚⬚⬚⬚⬚ you are sick.

8 마지막 날이라는 걸 믿을 수 없어요.
시계를 되돌리는 것을 불가능해요.

Ⓐ ⬚⬚⬚⬚⬚⬚ it is the last day.

Ⓑ ⬚⬚⬚⬚⬚⬚⬚ rewind the clock.

정답 **5** I'm having trouble / I'll take care **6** You're supposed to / Why should I
7 I came down with / I'm sorry to hear that **8** I can't believe / It's impossible to

245

MIX UP
배운 패턴들을 섞어 다양한 대화를 해요.

1 아무 아이디어라도 가지고 있어?
그냥 내가 처리할게. (let)

A _____ ideas?
B _____ handle it.

2 스키 타러 가고 싶어 죽겠어요.
스키복을 입은 당신이 상상이 안 돼요.

A _____ go skiing.
B _____ you in skiing gear.

3 이걸 이해하는 데 곤란을 겪고 있어요.
당신이 이걸 모른다는 걸 믿을 수가 없네요.

A _____ understanding this.
B _____ you don't know this.

4 그녀를 초대하는 데 실패했어.
그녀를 초대하는 건 불가능해.

A _____ invite her.
B _____ invite her.

정답 **1** Do you have any / Just let me **2** I'm dying to / I can't imagine
3 I'm having trouble / I can't believe **4** I failed to / It's impossible to

246

5 그들이 또 다른 것을 가지고 있는지 확인해 볼게요. (let)
그들에게 물어봐야 소용없어요.

Ⓐ _____ they have another one.

Ⓑ _____ asking them.

6 그를 여기서 보리라 기대하지 않았어요.
당신은 여기서 그를 만나기로 되어 있어요.

Ⓐ _____ see him here.

Ⓑ _____ meet him here.

7 이 장치에 익숙하지 않아요.
그건 제가 처리할게요.

Ⓐ _____ this device.

Ⓑ _____ of that.

8 그걸 알아보지 못했다는 걸 믿기 어렵군요.
너무 실망하지 마세요.

Ⓐ _____ you didn't recognize it.

Ⓑ _____ disappointed.

정답 **5** Let me check if / It's no good   **6** I didn't expect to / You're supposed to
7 I'm not familiar with / I'll take care   **8** It's hard to believe / Don't get too

I'm concerned about _____

I don't care about _____

패턴1 **I'm concerned about** _____ ~이 걱정돼요

concerned의 기본적인 의미는 '걱정[염려]하는'으로, 전치사 about과 함께 '~이[에 대해] 염려[걱정]되는'이라는 표현이 돼요.

패턴2 **I don't care about** _____ ~에 신경 쓰지 않아요

care about ~은 '~을 신경 쓰다'라는 뜻이에요. 따라서 I don't care about ~은 '나는 ~을[에 대해] 신경 쓰지 않는다, 걱정하지 않는다'라는 표현이에요.

A 패턴과 패턴의 대화를 읽으며 역할극하세요. 🎧

1 저의 건강이 걱정돼요.
저는 건강에 신경 쓰지 않아요.

I'm concerned about my health.
I don't care about my health.

2 그의 안전이 염려돼요.
나는 그의 안전을 걱정하지 않아요.

I'm concerned about his safety.
I don't care about his safety.

🎧 | 1 | 2 | 3 | 4 | 5 | 숙련도 | 20 | 40 | 60 | 80 | 100 | %

B 패턴을 넣어 대화를 완성하고 역할극하세요. ⑥

1 피부가 걱정이야.
나는 피부에 신경 쓰지 않아.

😟   my skin.

😊   my skin.

2 미래가 염려돼요.
저는 미래에 대해 신경 쓰지 않아요.

😟   my future.

😊   my future.

3 은퇴 후의 삶이 염려돼요.
저는 은퇴 후의 삶에 대해 신경 쓰지 않아요.

😟   my life after retirement.

😊   my life after retirement.

C 주어진 말을 이용하여 대화를 완성하고 역할극하세요.

weight 체중   appearance 외모

1 내 체중이 걱정돼요.
나는 체중에 신경 쓰지 않아요.

😟 ➡

😊 ➡

2 내 외모가 걱정이야.
나는 외모에 대해 신경 쓰지 않는데.

😟 ➡

😊 ➡

1 I'm concerned about my weight. / I don't care about my weight.
2 I'm concerned about my appearance. / I don't care about my appearance.

249

> I have doubts about _____

> I couldn't care less about _____

패턴 1 **I have doubts about _____** ~이 의심스러워요

doubt은 '의심, 의혹'이라는 뜻으로 '~이 의심스러워요'라고 표현할 때는 I have doubts about ~을 써요. doubt은 '~의심하다'라는 동사의 뜻도 있어요.

패턴 2 **I couldn't care less about _____** ~에 전혀 신경 쓰지 않아요

care는 '신경 쓰다, 관심 갖다'라는 말이에요. I couldn't care less about ~은 '~에 신경을 (이보다) 덜 쓸 수 없다'라는 의미에서 '~에 전혀 관심 없다'라는 표현이 되었어요.

A 패턴과 패턴의 대화를 읽으며 역할극하세요. 🎧

1
그의 변명이 의심스러워.
나는 그의 변명에 전혀 신경 쓰지 않아.

I have doubts about his excuses.
I couldn't care less about his excuses.

2
그의 신념이 의심스러워요.
저는 그의 신념에 전혀 신경 쓰지 않아요.

I have doubts about his belief.
I couldn't care less about his belief.

🎧 | 1 | 2 | 3 | 4 | 5 | 숙련도 | 20 | 40 | 60 | 80 | 100 | %

B 패턴을 넣어 대화를 완성하고 역할극하세요. 🎧

1 그의 경력이 의심스러워요.
저는 그의 경력에 관심이 전혀 없어요.

😐   his career.

😃   his career.

2 그들의 계획이 의심스러워요.
저는 그 계획이 무엇인지 관심이 전혀 없어요.

😐   their plan.

😃   what the plan is.

3 그들의 발표가 미심쩍어요.
저는 그들이 하는 말에 전혀 신경 쓰지 않아요.

😐   their announcement.

😃   what they say.

C 주어진 말을 이용하여 대화를 완성하고 역할극하세요.

---

her ability 그녀의 능력   their relationship 그들의 관계

---

1 그녀의 능력이 의심스러워요.
저는 그녀의 능력에 전혀 신경 쓰지 않아요.

😐 ➡

😃 ➡

2 그들의 관계가 의심스러워.
나는 그것에 전혀 관심이 없어.

😐 ➡

😃 ➡

1 I have doubts about her ability. / I couldn't care less about her ability.
2 I have doubts about their relationship. / I couldn't care less about it.

053 ROLE PLAY WITH PATTERNS
능력 묻고 답하기

Can you _____?

I'm not good at _____

패턴 1 **Can you _____?** ~할 수 있나요?

'~할 수 있다'라는 뜻의 조동사 can으로 시작하는 Can you ~? 의문문은 상대방에게 어떤 일을 할 능력이 있는지 물어보는 표현이에요.

패턴 2 **I'm not good at _____** ~에 능숙하지 않아요

I'm good at ~(나는 ~에 능숙하다)의 부정문 I'm not good at ~은 '~에 능숙하지 않다'라는 표현이에요. good 대신 excellent나 great 등을 쓸 수도 있어요.

A 패턴과 패턴의 대화를 읽으며 역할극하세요. ⑧

1
요리할 수 있나요?
나는 요리에 능숙하지 않아요.

Can you cook?
I'm not good at cooking.

2
사람들 앞에서 말할 수 있나요?
대중 연설에 능숙하지 않아요.

Can you speak in public?
I'm not good at public speaking.

---

⑧ | 1 | 2 | 3 | 4 | 5 | 숙련도 | 20 | 40 | 60 | 80 | 100 | %

B 패턴을 넣어 대화를 완성하고 역할극하세요. ⑥

1
영어를 말할 수 있나요?
영어를 잘하지 못해요.

☺ _____ speak English?

☹ _____ English.

2
피아노를 칠 수 있나요?
피아노를 치는 데 능숙하지 않아요.

☺ _____ play the piano?

☹ _____ playing the piano.

3
운전할 수 있나요?
운전에 능숙하지 않아요.

☺ _____ drive?

☹ _____ driving.

C 주어진 말을 이용하여 대화를 완성하고 역할극하세요.

> play tennis 테니스를 치다   swim 수영하다

1
테니스 칠 수 있나요?
테니스를 잘 못 쳐요.

☺ ➡ _____

☹ ➡ _____

2
수영할 수 있나요?
수영에 능숙하지 않아요.

☺ ➡ _____

☹ ➡ _____

1 Can you play tennis? / I'm not good at playing tennis.
2 Can you swim? / I'm not good at swimming.

054

ROLE PLAY WITH PATTERNS
어려운 것과 그 이유 말하기

> It's difficult to _____
>
> That's exactly why _____

패턴1 **It's difficult to** _____ ~하는 게 어려워요

It's difficult to ~는 '~하는 게 어렵다'라는 표현으로 to 이하의 말이 문장의 진(짜)주어이며 앞에 It은 가(짜)주어예요. to 뒤에는 동사원형을 써요.

패턴2 **That's exactly why** _____ 그게 정확히 ~한 이유예요

That's why ~는 '그게 ~한 이유이다'라는 뜻이에요. 여기에 exactly를 더해 That's exactly why ~(그게 정확히[바로] ~하는 이유이다)라고 강조해서 표현해요.

A 패턴과 패턴의 대화를 읽으며 역할극하세요. ⑧

1
그의 이름을 기억하는 것이 어려워요.
그게 정확히 제가 그것을 적어 놓는 이유예요.

It's difficult to memorize his name.
That's exactly why I wrote it down.

2
중국어를 배우는 게 어려워.
그게 바로 내가 그것을 배우는 걸 포기한 이유지.

It's difficult to learn Chinese.
That's exactly why I gave up learning it.

⑧ | 1 | 2 | 3 | 4 | 5 | 숙련도 | 20 | 40 | 60 | 80 | 100 | %

1 내 감정을 설명하는 게 어려워요.
그게 정확히 제가 설명하기를 포기한 이유예요.

😖   explain my feelings.

😏   I gave up explaining.

2 일자리를 찾는 게 어려워요.
그게 정확히 내가 스스로 사장이 된 이유예요.

😖   find a job.

😏   I became my own boss.

3 그녀를 설득하는 게 어려워요.
그게 정확히 내가 그녀를 좋아하지 않는 이유예요.

😖   persuade her.

😏   I don't like her.

C 주어진 말을 이용하여 대화를 완성하고 역할극하세요.

| install 설치하다   ask for help 도움을 요청하다 |
| by bus 버스로, 버스 타고   commute 출근하다   buy 사다 – bought 샀다 |

1 그 프로그램을 설치하는 게 어려워요.
그게 정확히 제가 도움을 요청한 이유예요.

😖 ➡

😏 ➡

2 버스로 통근하는 게 어려워요.
그게 바로 제가 차를 산 이유예요.

😖 ➡

😏 ➡

1 It's difficult to install the program. / That's exactly why I asked for help.
2 It's difficult to commute by bus. / That's exactly why I bought a car.

055

ROLE PLAY WITH PATTERNS
생각해 낸 것에 조언하기

I came up with _____

You're better off _____ing

(패턴 1) **I came up with _____** ~을 생각해 냈어요

come up은 '나오다'라는 뜻이고, come up with는 직역하면 '~을 가지고 나오다'라는
뜻이 되어 '~을 생각해 내다'라는 표현으로 써요.

(패턴 2) **You're better off _____ing** ~하는 게 더 나을 거예요

better off는 '더 행복한, 더 좋아진'이라는 뜻이에요. You're better off -ing는 '~하는
게 더 낫다'라는 표현이요. '~하지 않는 게 낫다'는 -ing 앞에 not을 붙여요.

A 패턴과 패턴의 대화를 읽으며 역할극하세요. 🎧

1

해답을 생각해 냈어요.
누구에게도 말하지 않는 편이 더 나을 거예요.

I came up with the answer.
You're better off not tel**ling** anyone.

2

영리한 답변을 생각해 냈어요.
그것에 대해 다시 생각해 보는 게 나을 거예요.

I came up with a clever reply.
You're better off think**ing** about it again.

🎧 | 1 | 2 | 3 | 4 | 5 | 수련도 | 20 | 40 | 60 | 80 | 100 | %

B 패턴을 넣어 대화를 완성하고 역할극하세요. ⑥

1 해결책을 생각해 냈어요.
재고해 보는 게 더 나을 거예요.

😈   a solution.

☺   thinking twice.

2 훌륭한 아이디어를 생각해 냈어요.
당신의 아이디어를 공유하는 게 더 나을 거예요.

😈   a great idea.

☺   sharing your idea.

3 그 프로젝트를 위한 계획을 생각해 냈어요.
그건 당신 혼자만 알고 있지 않는 게 좋을 거예요.

😈   a plan for the project.

☺   not keeping it to yourself.

C 주어진 말을 이용하여 대화를 완성하고 역할극하세요.

> a different approach 다른 접근법   keep ~ secret ~을 비밀로 하다
> a new recipe 새로운 조리법   online 온라인에   post 게시하다

1 다른 접근법을 생각해 냈어요.
그걸 비밀로 하는 게 나을 거예요.

😈 ➡

☺ ➡

2 새로운 조리법을 생각해 냈어요.
그걸 온라인에 게시하지 않는 게 나을 거예요.

😈 ➡

☺ ➡

1 I came up with a different approach. / You're better off keeping it secret.
2 I came up with a new recipe. / You're better off not posting it online.

패턴 1 **What if _____?** 만약 ~하면 어떻게 하죠?

What if ~?는 What will you do if ~의 줄임말로 '만약 ~하면 어떻게 되는 거죠?, ~하면 어떻게 할 거예요?'라는 표현이에요. if 다음에 주어와 동사가 있는 문장이 와요.

패턴 2 **I swear _____** ~하겠다고 맹세해요

swear는 '맹세하다, 공언하다'라는 뜻이고, I swear (that) ~은 '어떤 일을 반드시 하겠다' 또는 '하지 않겠다'라는 표현이에요. that은 생략 가능하고 뒤에는 문장이 와요.

A 패턴과 패턴의 대화를 읽으며 역할극하세요. ⑥

1 만약 당신이 또 늦으면 어쩔 거죠?
늦지 않겠다고 맹세해요.

What if you are late again?
I swear I won't be late.

2 만약 당신이 비밀번호를 잊어버리면 어떻게 되죠?
그걸 명심할 것을 맹세해요. (keep ~ in mind ~을 명심하다)

What if you forget a password?
I swear I'll keep it in mind.

⑥ | 1 | 2 | 3 | 4 | 5 | 숙련도 | 20 | 40 | 60 | 80 | 100 | %

B 패턴을 넣어 대화를 완성하고 역할극하세요. ⑥

1 만약 당신이 기억하지 못하면 어떻게 되죠?
잊지 않겠다고 맹세해요.

😈 _____ you don't remember?

😊 _____ I won't forget.

2 만약 당신이 그 비행기를 놓치면 어떻게 할 거죠?
그 비행기를 탈 거라고 맹세해요.

😈 _____ you miss the plane?

😊 _____ I'll get on the plane.

3 만약 당신이 여권을 잃어버리면 어떻게 할 거예요?
잃어버리지 않겠다고 맹세해요.

😈 _____ you lose your passport?

😊 _____ I won't lose it.

C 주어진 말을 이용하여 대화를 완성하고 역할극하세요.

> fail 실패하다   this time 이번에는   succeed 성공하다
> miss a deadline 마감 기한을 놓치다   meet a deadline 마감 기한을 지키다

1 만약 네가 다시 실패한다면 어떻게 할 건데?
이번에는 성공할 거라고 맹세해.

😈 ➡ _____

😊 ➡ _____

2 만약 당신이 마감 기한을 놓치면 어떻게 할 거죠?
마감 기한을 지키겠다고 맹세해요.

😈 ➡ _____

😊 ➡ _____

1 What if you fail again? / I swear I'll succeed this time.
2 What if you miss a deadline? / I swear I'll meet a deadline.

How come _____?

There's a good chance _____

[패턴 1] How come _____? 어째서 ~하는 거죠?

How come은 의문사 why와 마찬가지로 '어째서, 왜'라는 뜻이에요. 조심해야 할 것은 How come 다음에는 의문문의 어순이 아닌 주어와 동사의 순서로 쓴다는 점이에요.

[패턴 2] There's a good chance _____ ~할 가능성이 커요

chance에는 '기회' 이외에 '가능성'이라는 의미도 있어요. good chance는 '충분한 가능성'이라는 의미로 There's a good chance ~는 '~할 가능성이 크다'라는 표현이에요.

A 패턴과 패턴의 대화를 읽으며 역할극하세요. 🎧

1
어째서 전혀 눈이 내리지 않는 건가요?
오늘 밤에 눈이 내릴 가능성이 커요.

How come it doesn't snow at all?
There's a good chance it will snow tonight.

2
어째서 내가 그걸 전에 전혀 보지 못했지?
그게 숨겨져 있었을 가능성이 커. (hide 숨기다 - hid - hidden)

How come I never saw it before?
There's a good chance it's hidden.

B 패턴을 넣어 대화를 완성하고 역할극하세요. 🔊

1 어째서 그가 여기에 없는 건가요?
그는 나타나지 않을 가능성이 커요.

😃 _____ he is not here?

😔 _____ he won't show up.

2 왜 그녀가 슬퍼 보이는 건가요?
그녀는 시험에 떨어졌을 가능성이 커요.

😃 _____ she looks sad?

😔 _____ she failed the exam.

3 어째서 그들은 미소 짓고 있지 않죠?
그들이 싸웠을 가능성이 커요.

😃 _____ they aren't smiling?

😔 _____ they had a fight.

C 주어진 말을 이용하여 대화를 완성하고 역할극하세요.

> late 늦은   stuck in traffic 교통체증에 갇힌
> those windows 저 창문들   closed 닫힌   raining 비가 내리는

1 어째서 그녀는 늦는 거죠?
그녀는 교통체증에 갇혀 있을 가능성이 커요.

😃 ➡ _____

😔 ➡ _____

2 왜 저 창문들이 닫혀 있지?
비가 내리고 있을 가능성이 커.

😃 ➡ _____

😔 ➡ _____

1 How come she is late? / There's a good chance she's stuck in traffic.
2 How come those windows are closed? / There's a good chance it's raining.

I've decided to _____

It's a good idea to _____

패턴 1 I've decided to _____ ~하기로 결심했어요

decide는 '결심[결정]하다'라는 뜻의 동사예요. decided(과거형)는 과거에 결정했던 일만을 말하지만, have decided(완료형)는 결정했고 현재도 유효하다는 의미예요.

패턴 2 It's a good idea to _____ ~하는 건 좋은 생각이에요

a good idea는 '좋은 생각'이라는 뜻이에요. It은 가(짜)주어, to 이하는 문장의 진(짜)주어로 to 뒤에는 동사원형을 써요.

A 패턴과 패턴의 대화를 읽으며 역할극하세요. 🎧

1
운동하기로 결심했어요.
운동하는 것은 좋은 생각이에요.

I've decided to work out.
It's a good idea to work out.

2
책을 규칙적으로 읽기로 결심했어.
책을 규칙적으로 읽는 건 좋은 생각이야.

I've decided to read books regularly.
It's a good idea to read books regularly.

🎧 | 1 | 2 | 3 | 4 | 5 | 숙련도 | 20 | 40 | 60 | 80 | 100 | %

1 그 수업을 듣기로 결심했어요.
그 수업을 듣는 것은 좋은 생각이에요.

😎 _____ take the class.

🙂 _____ take the class.

2 대책을 마련하기로 결정했어요.
대책을 마련하는 것은 좋은 생각이에요.

😎 _____ make a backup plan.

🙂 _____ make a backup plan.

3 잠시 휴식을 취하기로 결정했어.
잠시 쉬는 것은 좋은 생각이야.

😎 _____ take a break.

🙂 _____ take a break.

C 주어진 말을 이용하여 대화를 완성하고 역할극하세요.

study 공부하다	quit 그만두다	smoking 흡연

1 영어를 공부하기로 결심했어.
영어를 공부하는 건 좋은 생각이야.

😎 ➡

🙂 ➡

2 금연하기로 결심했어요.
금연하는 건 좋은 생각이에요.

😎 ➡

🙂 ➡

1 I've decided to study English. / It's a good idea to study English.
2 I've decided to quit smoking. / It's a good idea to quit smoking.

패턴 1 **How dare you _____?** 어떻게 감히 ~할 수 있나요?

여기서 dare는 '감히 ~하다'라는 조동사예요. How can you ~?(어떻게 ~할 수 있니?)
에서 can 대신 dare를 쓰면, How dare you ~?(어떻게 감히 ~하니?)라는 말이 돼요.

패턴 2 **I couldn't help _____ing** ~하지 않을 수 없었어요

help(돕다)는 '(안 좋은 일이나 병을) 막다, 억제하다'라는 의미로도 쓰여요. 그래서
couldn't help -ing는 '~하는 것을 막을 수 없었다, 멈출 수 없었다'라는 의미가 돼요.

A 패턴과 패턴의 대화를 읽으며 역할극하세요. 🎧

1
어떻게 감히 나를 비웃을 수가 있어?
웃지 않을 수가 없었어.

How dare you laugh at me?
I couldn't help laughing.

2
감히 어떻게 거짓말을 하는 거죠?
거짓말을 할 수밖에 없었어요.

How dare you tell a lie?
I couldn't help telling a lie.

B 패턴을 넣어 대화를 완성하고 역할극하세요. 🎧

1
어떻게 감히 나에게 그렇게 말할 수 있는 건가요?
당신에게 그렇게 말하지 않을 수 없었어요.

😲 _____ talk to me like that?

😞 _____ talking to you like that.

2
어떻게 감히 그렇게 무례할 수 있는 거지?
무례하게 굴지 않을 수 없었어.

😲 _____ be so rude?

😞 _____ being rude.

3
어떻게 감히 나 빼고 먹을 수 있어?
너를 빼고 먹지 않을 수 없었어.

😲 _____ eat without me?

😞 _____ eating without you.

C 주어진 말을 이용하여 대화를 완성하고 역할극하세요.

> disobey 거스르다
> treat me[you] like this[that] 나[너]를 이렇게[그렇게] 대하다

1
감히 어떻게 당신 어머니를 거스르는 거죠?
제 어머니를 거스를 수밖에 없었어요.

😲 ➡ _____

😞 ➡ _____

2
어떻게 감히 나를 이렇게 대하는 거야?
너를 그렇게 대할 수밖에 없었어.

😲 ➡ _____

😞 ➡ _____

---

1 How dare you disobey your mother? / I couldn't help disobeying my mother.
2 How dare you treat me like this? / I couldn't help treating you like that.

060 경고하고 의도 말하기

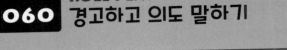

> Don't make me _____

> I didn't mean to _____

패턴 1 Don't make me _____ 내가 ~하게 하지 마세요

make에는 '(사람을) ~하게 만들다'라는 뜻도 있어요. Don't make me ~는 '내가 ~하게 만들지 마세요'라는 표현으로 경고의 뉘앙스가 있어요. me 다음에 동사원형이 와요.

패턴 2 I didn't mean to _____ ~하려는 의도는 아니었어요

mean은 '의도하다, ~하려고 하다'라는 뜻으로 I didn't mean to ~는 '~하려는 의도는 아니었다'라는 표현이에요. to 다음에 동사원형을 써요.

A 패턴과 패턴의 대화를 읽으며 역할극하세요. 🔟

1 내가 당신을 뒤따라가게 만들지 마세요.
당신을 화나게 하려는 의도는 아니었어요

Don't make me go after you.
I didn't mean to make you mad.

2 저를 화나게 하지 마세요.
당신의 신경을 거슬리게 하려는 의도는 아니었어요. (nerve 신경)

Don't make me get angry.
I didn't mean to get on your nerves.

🔟 1 2 3 4 5 수련도 20 40 60 80 100 %

B 패턴을 넣어 대화를 완성하고 역할극하세요. 🔊

1 나를 웃기지 마.
웃기려는 의도는 아니었어.

😦   laugh.

😔   be funny.

2 같은 말을 반복하게 만들지 마세요.
당신을 짜증나게 하려는 의도는 아니었어요.

😦   repeat myself.

😔   annoy you.

3 내가 애원하게 하지 마세요.
당신을 곤란하게 하려는 의도는 아니었어요.

😦   beg.

😔   embarrass you.

C 주어진 말을 이용하여 대화를 완성하고 역할극하세요.

> cry 울다   make ~ sad ~을 슬프게 만들다
> blush 부끄러워하다   put ~ in trouble ~을 곤란하게 하다

1 나를 울리지 마.
너를 슬프게 하려는 의도는 아니었어.

😦 ➡

😔 ➡

2 저를 부끄럽게 하지 마세요.
당신을 곤란하게 하려는 의도는 아니었어요.

😦 ➡

😔 ➡

1 Don't make me cry. / I didn't mean to make you sad.
2 Don't make me blush. / I didn't mean to put you in trouble.

REVIEW 배운 패턴들을 복습하세요.

1
영리한 답변을 생각해 냈어요.
그것에 대해 다시 생각해 보는 게 나을 거예요.

Ⓐ   a clever reply.
Ⓑ   thinking about it again.

2
중국어를 배우는 게 어려워요.
그게 바로 제가 그것을 배우는 걸 포기한 이유예요.

Ⓐ   learn Chinese.
Ⓑ   I gave up learning it.

3
책을 규칙적으로 읽기로 결심했어.
책을 규칙적으로 읽는 건 좋은 생각이야.

Ⓐ   read books regularly.
Ⓑ   read books regularly.

4
어째서 전혀 눈이 내리지 않는 건가요?
오늘 밤에 눈이 내릴 가능성이 커요.

Ⓐ   it doesn't snow at all?
Ⓑ   it will snow tonight.

정답 **1** I came up with / You're better off   **2** It's difficult to / That's exactly why
3 I've decided to / It's a good idea to   **4** How come / There's a good chance

268

5   저의 건강이 걱정돼요.
      저는 건강에 신경 쓰지 않아요.

Ⓐ _____ my health.
Ⓑ _____ my health.

6   그의 변명이 의심스러워요.
      저는 그의 변명에 전혀 신경 쓰지 않아요.

Ⓐ _____ his excuses.
Ⓑ _____ his excuses.

7   어떻게 감히 나를 비웃을 수가 있어?
      웃지 않을 수가 없었어.

Ⓐ _____ you laugh at me?
Ⓑ _____ laughing.

8   내가 당신을 뒤따라가게 만들지 마세요.
      당신을 화나게 하려는 의도는 아니었어요.

Ⓐ _____ go after you.
Ⓑ _____ make you mad.

269

1 저는 당신의 몸무게가 걱정이에요.
그게 바로 제가 다이어트를 하고 있는 이유예요.

Ⓐ _____ your weight.

Ⓑ _____ I'm on a diet.

2 드럼 칠 수 있어요?
제가 할 수 있다면 어쩔 거죠?

Ⓐ _____ play the drums?

Ⓑ _____ I can?

3 어째서 축구를 하지 않는 거예요?
저는 축구를 잘하지 못해요.

Ⓐ _____ you don't play soccer?

Ⓑ _____ soccer.

4 진실을 찾아내는 것이 어려워요.
모르는 게 더 나아요.

Ⓐ _____ find out the truth.

Ⓑ _____ not knowing.

정답 **1** I'm concerned about / That's exactly why **2** Can you / What if
3 How come / I'm not good at **4** It's difficult to / You're better off

5 다음에 그거 가져오겠다고 맹세할게.
그건 신경 안 써요.

Ⓐ _____ I'll bring it next time.

Ⓑ _____ that.

6 그녀를 만날 가능성이 많아요.
어떻게 감히 그녀를 다시 보기 원하는 거죠?

Ⓐ _____ I'll see her.

Ⓑ _____ you want to see her again?

7 좋은 생각이 떠올랐어요.
그것에 관해서는 전혀 관심이 없어요.

Ⓐ _____ a good idea.

Ⓑ _____ that.

8 당신에 대해 걱정하지 않을 수 없었어요.
또 다시 설명하게 만들지 마세요.

Ⓐ _____ worrying about you.

Ⓑ _____ explain again.

정답 **5** I swear / I don't care about **6** There's a good chance / How dare
7 I came up with / I couldn't care less about **8** I couldn't help / Don't make me

How often do you _____?

I hardly _____

패턴 1 How often do you _____? 얼마나 자주 ~하나요?

often은 '자주, 종종'이라는 뜻이에요. How often do you ~?는 얼마나 자주인지 빈도를 묻는 표현으로 '얼마나 자주 ~하세요?'라는 의미예요.

패턴 2 I hardly _____ 거의 ~하지 않아요

hardly는 '열심히'가 아닌, '거의 ~ 않는'이라는 뜻의 부사예요. hardly를 사용하는 것만으로 부정의 의미가 되므로 추가로 not을 또 쓰지 않는 것이 중요해요.

A 패턴과 패턴의 대화를 읽으며 역할극하세요. 🔊

1
얼마나 자주 할머니를 뵙나요?
거의 뵙지 않아요.

How often do you see your grandma?
I hardly see her.

2
얼마나 자주 편지를 쓰니?
편지는 거의 쓰지 않아.

How often do you write a letter?
I hardly write a letter.

🔊 1 2 3 4 5 숙련도 20 40 60 80 100 %

B 패턴을 넣어 대화를 완성하고 역할극하세요. ⑥

1
얼마나 자주 운동해?
거의 운동하지 않아.

(⑥) _____ exercise?

(😔) _____ exercise.

2
얼마나 자주 부모님을 방문하나요?
거의 부모님을 방문하지 않아요.

(⑥) _____ visit your parents?

(😔) _____ visit my parents.

3
얼마나 자주 등산하러 가나요?
거의 등산하러 가지 않아요.

(⑥) _____ go climbing?

(😔) _____ go climbing.

C 주어진 말을 이용하여 대화를 완성하고 역할극하세요.

---

at night 밤에　　eat 먹다　　have one's hair cut 머리를 자르다

1
얼마나 자주 밤에 먹나요?
밤에는 거의 먹지 않아요.

(⑥) ➡ _____

(😔) ➡ _____

2
얼마나 자주 머리를 자르나요?
머리는 거의 자르지 않아요.

(⑥) ➡ _____

(😔) ➡ _____

1 How often do you eat at night? / I hardly eat at night.
2 How often do you have your hair cut? / I hardly have my hair cut.

ROLE PLAY WITH PATTERNS
걸리는 시간 말하기

It takes ____ to ____

May I help you ____?

패턴 1 **It takes _____ to _____** ~하는 데 (시간)이 걸려요

take는 '(시간, 돈, 노력 등이) 걸리다'라는 의미가 있어요. 〈It takes + (시간)〉 뒤에 〈to + 동사원형〉을 붙이면, '~하는 데 얼마의 (시간)이 걸리다'라는 표현이 돼요.

패턴 2 **May I help you _____?** 당신이 ~하는 걸 도와드릴까요?

May I help you?는 '도와드릴까요?'라는 뜻으로 〈help + 목적어〉 뒤에 동사원형을 써서 '목적어가 ~하는 것을 돕다'라는 의미를 만들어요.

A 패턴과 패턴의 대화를 읽으며 역할극하세요. 🔊

1
내 일을 끝내는 데 1시간이 걸려요.
당신의 일을 끝내는 걸 도와드릴까요?

It takes 1 hour **to** finish my work.
May I help you finish your work?

2
잔디 깎는 데 한나절이 걸려요.
잔디 깎는 걸 도와드릴까요?

It takes half a day **to** mow the lawn.
May I help you mow the lawn?

🔊 | 1 | 2 | 3 | 4 | 5 | 숙련도 | 20 | 40 | 60 | 80 | 100 | %

B 패턴을 넣어 대화를 완성하고 역할극하세요. ⑥

1 집을 청소하는 데 하루 종일 걸려요.
집을 청소하는 것을 도와줄까요?

☹ _____ a whole day _____ clean the house.

☺ _____ clean the house?

2 그 논문을 점검하는 데 일주일이 걸려요.
그 논문을 검토하는 걸 도와드릴까요?

☹ _____ a week _____ go over the paper.

☺ _____ review the paper?

3 그 기사를 작성하는 데 한 달이 걸려요.
그 기사를 작성하는 것을 도와드릴까요?

☹ _____ a month _____ write the article.

☺ _____ write the article?

C 주어진 말을 이용하여 대화를 완성하고 역할극하세요.

wash a car 세차하다　　repair the damage 피해를 복구하다

1 세차하는 데 2시간이 걸려요.
세차하는 걸 도와줄까요?

☹ ➡ _____

☺ ➡ _____

2 피해를 복구하는 데 3주가 걸려요.
피해를 복구하는 걸 도와드릴까요?

☹ ➡ _____

☺ ➡ _____

1 It takes 2 hours to wash a car. / May I help you wash a car?
2 It takes 3 weeks to repair the damage. / May I help you repair the damage?

What made you _____?

I had no choice but to _____

패턴1 What made you _____? 무엇이 당신을 ~하게 만들었나요?

What makes ~?는 '무엇이 ~하게 만드나요?'라는 뜻으로 why(왜)와 비슷한 의미예요.
made는 makes의 과거형이고, you 다음에는 동사원형을 써요.

패턴2 I had no choice but to _____ ~할 수밖에 없었어요

have no choice는 '선택의 여지가 없다'는 뜻이에요. I had no choice but to ~는 '선택
의 여지가 없이 ~할 수밖에 없었다'라는 표현으로 to 다음에 동사원형을 써요.

A 패턴과 패턴의 대화를 읽으며 역할극하세요. 🎧

1
무엇이 당신이 저에게 전화를 하게 만들었나요? (왜 전화했나요?)
당신에게 전화할 수밖에 없었어요.

What made you call me?
I had no choice but to call you.

2
무엇이 너를 그렇게 늦게 오게 만들었어?
늦게 올 수밖에 없었어.

What made you come so late?
I had no choice but to come late.

🎧 | 1 | 2 | 3 | 4 | 5 | 숙련도 | 20 | 40 | 60 | 80 | 100 | %

B 패턴을 넣어 대화를 완성하고 역할극하세요. ⑥

1 무엇이 당신이 그 일을 그만두게 만들었나요?
그 일을 그만둘 수밖에 없었어요.

⑥   quit the job?

😑   quit the job.

2 무엇이 당신을 채식주의자가 되게 만들었나요?
채식주의자가 될 수밖에 없었어요.

⑥   become a vegetarian?

😑   become a vegetarian.

3 무엇이 당신이 거기 가게 만들었나요?
거기 갈 수밖에 없었어요.

⑥   go there?

😑   go there.

C 주어진 말을 이용하여 대화를 완성하고 역할극하세요.

report to the police 경찰에 신고하다   change one's mind 마음을 바꾸다

1 무엇이 당신이 경찰에 신고하도록 만들었나요?
저는 경찰에 신고할 수밖에 없었어요.

⑥ ➡

😑 ➡

2 무엇이 너의 마음을 바꾸게 했니?
마음을 바꿀 수밖에 없었어.

⑥ ➡

😑 ➡

1 What made you report to the police? / I had no choice but to report to the police.
2 What made you change your mind? / I had no choice but to change my mind.

ROLE PLAY WITH PATTERNS
064 당신답지 않다고 말하기

> It's not like you to _____

> How am I supposed to _____?

(패턴1) It's not like you to _____ ~하는 건 당신답지 않아요

여기서 like는 전치사로 '~와 같은'이라는 의미예요. It's not like you는 '당신답지 않다'라는 말이 되고, 뒤에 to부정사가 오면 '~하는 것은 당신답지 않다'라는 표현이 돼요.

(패턴2) How am I supposed to _____? 어떻게 ~해야 하죠?

How am I supposed to ~?는 '내가 어떻게 ~해야 하죠[~할 수 있죠]?'라는 표현이에요. 정말 몰라서 묻는다기보다는 '나는 ~할 수 없어요'라는 뉘앙스를 가지고 있어요.

A 패턴과 패턴의 대화를 읽으며 역할극하세요. 🎧

1
그녀에게 소리 지르는 것은 당신답지 않아요.
제가 어떻게 그녀를 설득해야 하죠?

It's not like you to yell at her.
How am I supposed to persuade her?

2
화를 내는 건 너답지 않아.
내가 어떻게 반응해야 해?

It's not like you to go mad.
How am I supposed to react?

278

🎧 1 2 3 4 5 숙련도 20 40 60 80 100 %

1 그런 걸 말하는 것은 당신답지 않아요.
내가 어떻게 그를 참아야 하죠?

ⓐ ⬜⬜⬜⬜⬜⬜ say such a thing.

ⓑ ⬜⬜⬜⬜⬜⬜ stand him?

2 포기하는 것은 당신답지 않아요.
제가 어떻게 계속해야 하나요?

ⓐ ⬜⬜⬜⬜⬜ give up.

ⓑ ⬜⬜⬜⬜⬜ continue?

3 공황 상태에 빠지는 것은 당신답지 않아요.
제가 어떻게 그걸 다루어야 하죠?

ⓐ ⬜⬜⬜⬜⬜ panic.

ⓑ ⬜⬜⬜⬜⬜ deal with it?

C 주어진 말을 이용하여 대화를 완성하고 역할극하세요.

---

disappoint ~를 실망시키다　　know what he wants 그가 원하는 것을 알다
make an excuse 변명하다　　explain 설명하다

---

1 그를 실망시키는 건 당신답지 않아요.
제가 어떻게 그가 원하는 것을 알죠?

ⓐ ➡ ⬜⬜⬜⬜

ⓑ ➡ ⬜⬜⬜⬜

2 변명하는 건 너답지 않아.
내가 그걸 어떻게 설명해야 하는 거지?

ⓐ ➡ ⬜⬜⬜⬜

ⓑ ➡ ⬜⬜⬜⬜

1 It's not like you to disappoint him. / How am I supposed to know what he wants?
2 It's not like you to make an excuse. / How am I supposed to explain it?

I'm calling to _____

I'm not interested in _____

(패턴 1) **I'm calling to _____** ~하려고 전화했어요

전화를 건 목적을 밝힐 때 I'm calling to ~(~하려고 전화하고 있다)라는 표현을 자주 써요. to 다음에 전화를 건 목적을 동사원형으로 써요.

(패턴 2) **I'm not interested in _____** 나는 ~에 관심 없어요

interested in ~은 '~에 관심이 있는'이라는 말이에요. I'm not interested in ~은 '나는 ~에 관심이 없다'는 표현으로 in 다음에는 명사나 동명사(-ing)를 써요.

A 패턴과 패턴의 대화를 읽으며 역할극하세요. 🔊

1 너를 파티에 초대하려고 전화했어.
나는 파티에 관심이 없어.

I'm calling to invite you to a party.
I'm not interested in parties.

2 그 서비스의 세부사항을 알리려고 전화했어요.
저는 그 서비스에 관심이 없어요.

I'm calling to give details of the service.
I'm not interested in the service.

B 패턴을 넣어 대화를 완성하고 역할극하세요. ⑥

1 당신이 우리와 함께하고 싶은지 물어보려고 전화했어요.
나는 함께하는 것에 관심이 없어요.

😊   ask if you want to join us.

😞   joining.

2 당신에게 새로운 차에 대해 이야기하려고 전화했어요.
저는 차에 관심이 없어요.

😊   tell you about a new car.

😞   cars.

3 당신에게 그 결과에 대해 알려 드리려고 전화했어요.
나는 그 결과에 관심이 없어요.

😊   let you know about the results.

😞   the results.

C 주어진 말을 이용하여 대화를 완성하고 역할극하세요.

> offer a job 일자리를 제안하다   get a job 일자리를 구하다
> the problem 그 문제   talk about ~에 대해 이야기하다

1 일자리를 제안하려고 전화했어요.
저는 일자리를 구하는 데 관심이 없어요.

😊 ➡

😞 ➡

2 그 문제에 대해 얘기하려고 전화했어.
나는 그 문제에 관심이 없어.

😊 ➡

😞 ➡

1 I'm calling to offer a job. / I'm not interested in getting a job.
2 I'm calling to talk about the problem. / I'm not interested in the problem.

ROLE PLAY WITH PATTERNS
불만 말하고 충고하기

I'm frustrated _____

Don't hesitate to _____

패턴1 **I'm frustrated _____** ~이 불만이에요

frustrated는 '짜증이 난, 속이 타는'이라는 뜻이에요. I'm frustrated는 '불만이에요, 답답해요'라는 의미로 at, by, with와 함께 불만스러운 상황을 표현해요.

패턴2 **Don't hesitate to _____** 주저하지 말고 ~하세요

hesitate to ~는 '~하는 것을 주저하다, 머뭇거리다'라는 뜻이에요. 부정 명령문 Don't hesitate to ~는 '주저하지 말고 ~하세요'라는 표현으로 to 다음에 동사원형을 써요.

A 패턴과 패턴의 대화를 읽으며 역할극하세요. ⑧

1 계속 연기되는 게 불만이에요.
주저하지 말고 그들에게 불평을 하세요.

I'm frustrated by the long delays.
Don't hesitate to complain to them.

2 시간을 낭비하는 절차가 불만이에요.
주저하지 말고 당신의 상사에게 알리세요.

I'm frustrated with the time-wasting process.
Don't hesitate to let your boss know.

⑧ 1 2 3 4 5 수련도 20 40 60 80 100 %

B 패턴을 넣어 대화를 완성하고 역할극하세요. ⑥

1 진전이 안 되는 게 불만이에요.
도움을 요청하는 데 망설이지 마세요.

☹   at the lack of progress.

😮   ask for help.

2 그가 늦는 게 불만이에요.
주저하지 말고 그에게 당신이 어떻게 느끼는지 말하세요.

☹   with his being late.

😮   tell him how you feel.

3 그 소음이 불만이에요.
망설이지 말고 경찰에 신고하세요.

☹   by the noise.

😮   report to the police.

C 주어진 말을 이용하여 대화를 완성하고 역할극하세요.

> impatience 조급함   be frank with ~에게 솔직하게 말하다
> slow Internet speeds 느린 인터넷 속도   the provider 공급업체

1 그녀의 조급함이 불만이야. (by)
주저하지 말고 그녀에게 솔직하게 얘기해.

☹ ⇒

😮 ⇒

2 느린 인터넷 속도가 불만이에요. (at)
망설이지 말고 공급업체에 전화하세요.

☹ ⇒

😮 ⇒

1 I'm frustrated by her impatience. / Don't hesitate to be frank with her.
2 I'm frustrated at slow Internet speeds. / Don't hesitate to call the provider.

283

I really enjoyed _____

I'm glad that _____

패턴 1 I really enjoyed _____ ~이 정말 즐거웠어요

enjoy는 '즐기다'라는 뜻의 동사예요. 따라서 I really enjoyed ~는 '~을 정말[제대로] 즐겼다, ~은 정말 즐거웠다'는 표현이에요. enjoy 뒤에는 명사나 동명사(-ing)를 써요.

패턴 2 I'm glad that _____ ~이라니 기뻐요

glad는 '기쁜'이라는 의미예요. I'm glad that ~은 '~이라니 기쁘다'라는 뜻으로 that 다음에는 주어와 동사를 갖춘 완전한 문장이 와요. that은 생략도 가능해요.

A 패턴과 패턴의 대화를 읽으며 역할극하세요. 🔊

1
식사 정말 즐거웠어요. (정말 맛있게 먹었어요)
식사가 맘에 들었다니 기쁘네요.

I really enjoyed your meal.
I'm glad that you liked the meal.

2
여기서 제가 경험한 일은 정말 즐거웠어요.
저희 서비스가 만족스러우셨다니 기쁘네요.

I really enjoyed my experience here.
I'm glad that you were happy with our service.

🔊 1 2 3 4 5 숙련도 20 40 60 80 100 %

B 패턴을 넣어 대화를 완성하고 역할극하세요. ⑥

1 당신의 연설이 정말 즐거웠어요.
당신이 와 주셔서 기쁩니다.

⑥ [   ] your speech.

☺ [   ] you came.

2 여기 머무는 것이 정말 즐거웠어요.
즐거웠다니 기쁘네요.

⑥ [   ] staying here.

☺ [   ] you enjoyed it.

3 너와 이야기 나누는 게 정말 즐거웠어.
우리가 만날 기회를 가져서 기뻐.

⑥ [   ] talking with you.

☺ [   ] we had a chance to meet.

C 주어진 말을 이용하여 대화를 완성하고 역할극하세요.

---
the tour 그 관광   our program 우리 일정   listen to ~을 듣다
---

1 그 관광은 정말 즐거웠어요.
저희 일정이 좋았다니 기쁘네요.

⑥ ➡ [   ]

☺ ➡ [   ]

2 그 음악을 듣는 건 정말 즐거웠어요.
그 음악을 즐겼다니 기쁘네요.

⑥ ➡ [   ]

☺ ➡ [   ]

1 I really enjoyed the tour. / I'm glad that you liked our program.
2 I really enjoyed listening to the music. / I'm glad that you enjoyed the music.

I'm not going to _____

It wouldn't hurt to _____

패턴 1 **I'm not going to _____** ~하지 않을 예정이에요

be going to ~는 '~할 예정이다'라는 의미이고, 부정인 I'm not going to ~는 '나는 ~하지 않을 예정이다'라는 표현으로 to 다음에는 동사원형이 와요.

패턴 2 **It wouldn't hurt to _____** ~한다고 나쁠 건 없어요

hurt는 '다치게 하다, 피해를 보다'라는 뜻이에요. It wouldn't hurt to ~는 '~한다고 나쁠 건 없다, ~해서 해가 될 건 없다'라는 의미로 무언가 해 보라고 권유할 때 써요.

A 패턴과 패턴의 대화를 읽으며 역할극하세요. 🎧

1
저 영화는 보지 않을 예정이에요.
그걸 본다고 나쁠 건 없어요.

I'm not going to see that movie.
It wouldn't hurt to see it.

2
논쟁에는 참여하지 않을 거예요. (take part in ~에 참여하다)
그거 해 본다고 나쁠 건 없어요.

I'm not going to take part in a debate.
It wouldn't hurt to try it.

🎧 | 1 | 2 | 3 | 4 | 5 | 숙련도 | 20 | 40 | 60 | 80 | 100 | %

B 패턴을 넣어 대화를 완성하고 역할극하세요. 🎧

1
거기에는 가지 않을 거예요.
가서 점검한다고 나쁠 건 없어요.

😈 _____ go there.

😊 _____ go and check.

2
그 이유에 대해서는 말하지 않을 거예요.
그것에 대해 이야기한다고 해가 될 건 없어요.

😈 _____ talk about the reason.

😊 _____ talk about it.

3
나는 캠핑하러 가지 않을 예정이야.
해 봐도 나쁠 건 없지.

😈 _____ go camping.

😊 _____ try.

C 주어진 말을 이용하여 대화를 완성하고 역할극하세요.

> once 한 번   hang out with ~와 어울리다[놀다]
> seafood 해산물   try 해 보다, 시도해 보다

1
그의 파티에는 가지 않을 예정이야.
그와 한 번 어울리는 게 해가 될 건 없어.

😈 ➡ _____

😊 ➡ _____

2
해산물은 먹지 않을 예정이에요.
먹어 보는 것도 나쁠 건 없어요.

😈 ➡ _____

😊 ➡ _____

1 I'm not going to go to his party. / It wouldn't hurt to hang out with him once.
2 I'm not going to eat seafood. / It wouldn't hurt to try.

287

069 ROLE PLAY WITH PATTERNS
해야 하는 것 묻고 답하기

Do I have to _____?

It's necessary to _____

패턴 1 Do I have to _____? ~해야 하나요?

have to ~는 조동사 must와 같은 '~해야 한다'는 뜻이에요. 의문문 Do I have to ~?는
'내가 반드시[꼭] ~해야 하나요?'라는 표현으로 to 다음에 동사원형이 와요.

패턴 2 It's necessary to _____ ~하는 것이 필요해요

necessary는 '필요한, 없어서는 안 되는'이라는 말이에요. to 이하가 문장의 진짜 주어
이며 It은 가주어로, It's necessary to ~는 '~하는 것이 필요하다'라는 의미가 돼요.

A 패턴과 패턴의 대화를 읽으며 역할극하세요. 🎧

1   신분증을 가지고 와야 합니까?
여기는 신분증을 지니는 것이 필요해요.

Do I have to bring my ID?
It's necessary to carry your ID here.

2   추가 요금을 꼭 지불해야 하나요?
돈을 더 지불하는 게 필요해요.

Do I have to pay extra charge?
It's necessary to pay more.

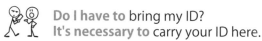

🎧 1 2 3 4 5   숙련도 20 40 60 80 100 %

B 패턴을 넣어 대화를 완성하고 역할극하세요. ⑧

1 제가 꼭 옷을 갖추어 입어야 하나요?
정장과 넥타이를 매는 것이 필요합니다.

😑 _____ get dressed up?

😮 _____ wear a suit and tie.

2 반드시 줄을 서야 하나요?
당신의 차례를 위해 줄을 서서 기다리는 것이 필요합니다.

😑 _____ stand in line?

😮 _____ wait in line for your turn.

3 티켓 비용을 반드시 지불해야 하나요?
그것에 대해 지불하는 것이 필요합니다.

😑 _____ pay for the ticket?

😮 _____ pay for that.

C 주어진 말을 이용하여 대화를 완성하고 역할극하세요.

be hospitalized 입원하다	in hospital 병원에서	stay 머무르다
a seat 좌석 reserve 예매하다	make a reservation 예매하다	

1 제가 반드시 입원해야 하나요?
병원에 머무는 게 필요해요.

😑 ➡

😮 ➡

2 좌석을 꼭 예매해야 하나요?
예매하는 게 필요해요.

😑 ➡

😮 ➡

1 Do I have to be hospitalized? / It's necessary to stay in hospital.
2 Do I have to reserve a seat? / It's necessary to make a reservation.

I don't feel like _____ing

You don't have to _____

(패턴1) **I don't feel like _____ing** ~할 기분이 아니에요

feel like -ing에서 like는 '~와 같은'이라는 의미의 전치사로, '~하는 것 같은 기분이다', 즉 '~하고 싶다[싶은 기분이다]'라는 뜻이에요. 부정은 I don't feel like -ing로 써요.

(패턴2) **You don't have to _____** ~하지 않아도 돼요

'~해야 한다'라는 뜻의 have to ~의 부정 don't have to ~는 '~할 필요가 없다'라는 의미예요. 그러므로 You don't have to ~는 '당신은 ~하지 않아도 된다'라는 표현이에요.

A 패턴과 패턴의 대화를 읽으며 역할극하세요. ⑧

1
쇼핑하러 갈 기분이 아니에요.
쇼핑하러 가지 않아도 돼요.

I don't feel like going shopping.
You don't have to go shopping.

2
오늘 밤에 영화 볼 기분이 아니에요.
오늘 밤에 영화 보지 않아도 돼요.

I don't feel like seeing a movie tonight.
You don't have to see a movie tonight.

B 패턴을 넣어 대화를 완성하고 역할극하세요. ⑥

1
외식하러 나갈 기분이 아니에요.
외식하러 나가지 않아도 돼요.

😖   eating out.

🙂   eat out.

2
지금은 농담할 기분이 아니에요.
농담을 하지 않아도 돼요.

😖   cracking a joke now.

🙂   crack a joke.

3
오늘은 그녀를 만날 기분이 아니에요.
오늘 그녀를 만나지 않아도 돼요.

😖   meeting her today.

🙂   meet her today.

C 주어진 말을 이용하여 대화를 완성하고 역할극하세요.

cook 요리하다   beer 맥주   drink 마시다

1
지금 요리할 기분이 아니에요.
요리하지 않아도 돼요.

😖 ➡

🙂 ➡

2
오늘 밤 맥주 마실 기분이 아니야.
맥주 마시지 않아도 돼.

😖 ➡

🙂 ➡

1 I don't feel like cooking now. / You don't have to cook.
2 I don't feel like drinking beer tonight. / You don't have to drink beer.

1 그 서비스의 세부사항을 알리려고 전화했어요.
저는 그 서비스에 관심이 없어요.

Ⓐ   give details of the service.

Ⓑ   the service.

2 오늘 밤에 영화 볼 기분이 아니에요.
오늘 밤에 영화 보지 않아도 돼요.

Ⓐ   seeing a movie tonight.

Ⓑ   see a movie tonight.

3 논쟁에는 참여하지 않을 예정이에요.
그거 해 본다고 나쁠 건 없어요. (해가 될 건 없어요)

Ⓐ   take part in a debate.

Ⓑ   try it.

4 신분증을 가지고 와야 합니까?
여기는 신분증을 지니는 것이 필요해요.

Ⓐ   bring my ID?

Ⓑ   carry your ID here.

정답 **1** I'm calling to / I'm not interested in   **2** I don't feel like / You don't have to
3 I'm not going to / It wouldn't hurt to   **4** Do I have to / It's necessary to

292

5 계속 연기되는 게 불만이에요.
망설이지 말고 그들에게 불평을 하세요.

Ⓐ   by the long delays.
Ⓑ   complain to them.

6 내 일을 끝내는 데 1시간이 걸려요.
당신의 일을 끝내는 걸 도와드릴까요?

Ⓐ   1 hour   finish my work.
Ⓑ   finish your work?

7 무엇이 당신이 저에게 전화를 하게 만들었나요?
당신에게 전화할 수밖에 없었어요. (choice)

Ⓐ   call me?
Ⓑ   call you.

8 그녀에게 소리 지르는 것은 당신답지 않아요.
제가 어떻게 그녀를 설득해야 하죠?

Ⓐ   yell at her.
Ⓑ   persuade her?

정답 **5** I'm frustrated / Don't hesitate to **6** It takes, to / May I help you
7 What made you / I had no choice but to **8** It's not like you to / How am I supposed to

MIX UP

배운 패턴들을 섞어 다양한 대화를 해요.

1
얼마나 자주 하이킹하러 가세요?
그걸 물어봐 줘서 기뻐요.

Ⓐ _____ go hiking?
Ⓑ _____ you asked that.

2
망설이지 말고 선택하세요.
선택하는 데 시간이 좀 걸려요.

Ⓐ _____ choose.
Ⓑ _____ some time _____ choose.

3
저는 거의 운동하지 않아요.
저도 운동에 관심이 없어요. (work out 운동하다   either (부정문) 또한)

Ⓐ _____ exercise.
Ⓑ _____ working out either.

4
무엇이 당신을 여기 오게 만들었나요? (왜 왔나요?)
지난번에 음식을 정말 즐겼어요. 그래서 …

Ⓐ _____ come here?
Ⓑ _____ the meal last time. So...

정답 **1** How often do you / I'm glad that　**2** Don't hesitate to / It takes, to
3 I hardly / I'm not interested in　**4** What made you / I really enjoyed

294

5 부엌 청소하는 거 도와드릴까요?
오늘 청소할 예정이 아니에요.

Ⓐ _____ you clean the kitchen?
Ⓑ _____ clean it today.

6 그녀가 노래 부르는 것이 불만이에요.
불평을 하는 건 당신답지 않네요.

Ⓐ _____ by her singing.
Ⓑ _____ complain.

7 제가 그 회의에 참석해야 하나요?
와서 듣는다고 해가 되지는 않을 거예요. (나쁠 건 없어요)

Ⓐ _____ attend the meeting?
Ⓑ _____ come and listen.

8 이 약들을 먹을 기분이 아니에요.
그것들을 먹는 건 필수예요.

Ⓐ _____ taking these pills.
Ⓑ _____ take them.

정답 **5** May I help / I'm not going to **6** I'm frustrated / It's not like you to
7 Do I have to / It wouldn't hurt to **8** I don't feel like / It's necessary to

Are you happy with _____?

I'm embarrassed about _____

(패턴 1) **Are you happy with _____?** ~에 만족하나요?

happy with ~는 '~에 만족스러운, ~이 행복한'이라는 뜻이에요. Are you happy with ~?는 '~에 만족하니?'라는 표현으로 전치사 with 다음에는 명사가 와요.

(패턴 2) **I'm embarrassed about _____** ~이 창피해요

embarrassed는 '당혹스러운, 창피한'이라는 뜻으로 I'm embarrassed about ~은 '~이 창피하다[쑥스럽다]'라는 표현이에요. about 뒤에 당혹스럽거나 창피한 대상을 써요.

A 패턴과 패턴의 대화를 읽으며 역할극하세요. 🎧

1
그 결과에 만족하나요?
그 결과가 창피해요.

Are you happy with the result?
I'm embarrassed about the result.

2
그 성과에 만족하나요?
저는 그 성과가 쑥스러워요.

Are you happy with the performance?
I'm embarrassed about the performance.

🎧 1 2 3 4 5 수련도 20 40 60 80 100 %

B 패턴을 넣어 대화를 완성하고 역할극하세요. ⑥

1 너 자신에 대해 만족하니?
나 자신이 쑥스러워.

☺ _____ yourself?

☹ _____ myself.

2 당신이 보이는 방식에 대해 만족하나요?
제가 보이는 방식이 쑥스러워요.

☺ _____ the way you look?

☹ _____ the way I look.

3 당신 월급에 대해 만족하나요?
내 월급이 창피해요.

☺ _____ your salary?

☹ _____ my salary.

C 주어진 말을 이용하여 대화를 완성하고 역할극하세요.

the outcome 결과   tattoo 문신

1 그 결과에 만족하나요?
저는 그 결과가 창피해요.

☺ ➡ _____

☹ ➡ _____

2 네 타투에 만족하니?
나는 내 타투가 부끄러워.

☺ ➡ _____

☹ ➡ _____

---

1 Are you happy with the outcome? / I'm embarrassed about the outcome.
2 Are you happy with your tattoo? / I'm embarrassed about my tattoo.

072 좋아하는 방법 말하고 답하기

I like the way _____

It seems like _____ the same way

패턴 1) I like the way _____ ~이 …하는 방식이 좋아요

way는 '길, 방법' 이외에 '방식'이라는 의미가 있어요. I like the way ~ 는 '~이 …하는 방식이 좋다[마음에 든다]'라는 뜻으로, the way 다음에 주어와 동사가 이어져요.

패턴 2) It seems like _____ the same way 같은 방식으로 ~하는 것 같은데요

It seems like ~ 는 '~처럼 보인다', the same way는 '똑같은 방식(으로)'이라는 뜻이에요. It seems like ~ the same way는 '같은 방식으로 ~하는 것 같다'라는 표현이 돼요.

A 패턴과 패턴의 대화를 읽으며 역할극하세요. 🎧

1
당신이 옷을 입는 방식이 좋아요.
당신도 같은 방식으로 옷을 입는 것 같은데요.

I like the way you dress.
It seems like you dress **the same way**.

2
네가 노래하는 방식이 마음에 들어.
너도 같은 방식으로 노래하는 것 같은데.

I like the way you sing.
It seems like you sing **the same way**.

B 패턴을 넣어 대화를 완성하고 역할극하세요. ⑥

1 네가 미소 짓는 방식이 마음에 들어.
너도 같은 방식으로 미소 짓는 것 같은데.

😌 _____ you smile.

😊 _____ you smile _____.

2 당신이 사람들에게 말을 거는 방식이 좋아요.
당신도 같은 방식으로 말하는 것 같은데요.

😌 _____ you talk to people.

😊 _____ you talk to people _____.

3 당신이 인생을 사는 방식이 마음에 들어요.
당신도 같은 방식으로 당신의 인생을 사는 것 같은데요.

😌 _____ you live your life.

😊 _____ you live your life _____.

C 주어진 말을 이용하여 대화를 완성하고 역할극하세요.

> praise 칭찬하다   give feedback 피드백을 주다

1 당신이 칭찬하는 방식이 좋아요.
당신도 같은 방식으로 칭찬하는 것 같은데요.

😌 ➡ _____

😊 ➡ _____

2 당신이 피드백을 주는 방식이 마음에 들어요.
당신도 같은 방식으로 피드백을 주는 것 같은데요.

😌 ➡ _____

😊 ➡ _____

1 I like the way you praise. / It seems like you praise the same way.
2 I like the way you give feedback. / It seems like you give feedback the same way.

073

ROLE PLAY WITH PATTERNS
시간이 없다고 말하기

Do you feel like _____ing?

I don't have time for _____

(패턴 1) **Do you feel like _____ing?** ~하고 싶나요[싶은 기분인가요]?

feel like -ing는 '~하고 싶은 기분이 들다'라는 말이고, Do you feel like -ing?는 '~하고 싶나요?'라고 묻는 표현이에요. like 다음에 동명사(-ing)를 쓴다는 점에 주의하세요.

(패턴 2) **I don't have time for _____** ~할 시간이 없어요

I have time for ~는 '~을 위한 시간이 있다'라는 뜻이에요. 그러므로 부정문 I don't have time for ~는 '~할 시간이 없다'라는 표현이 돼요. for 뒤에는 명사를 써요.

A 패턴과 패턴의 대화를 읽으며 역할극하세요. 🔊

1 점심을 전화로 주문해서 먹고 싶나요?
점심을 먹을 시간이 없어요.

Do you feel like calling out for lunch?
I don't have time for lunch.

2 카드 놀이를 하고 싶나요?
카드 할 시간이 없어요.

Do you feel like playing cards?
I don't have time for cards.

🔊 | 1 | 2 | 3 | 4 | 5 | 수련도 | 20 | 40 | 60 | 80 | 100 | %

1 그 전시회에 가고 싶나요?
전시회에 갈 시간이 없어요.

😀   going to the exhibition?

😞   the exhibition.

2 피자를 좀 먹고 싶어?
피자를 먹을 시간이 없어.

😀   grabbing some pizza?

😞   pizza.

3 온라인 게임을 하고 싶은 기분이야?
게임 할 시간이 없어.

😀   playing online games?

😞   games.

C 주어진 말을 이용하여 대화를 완성하고 역할극하세요.

get fresh air 신선한 공기를 쐬다   a walk 산책   take a bath 목욕하다

1 신선한 공기를 쐬고 싶어?
산책할 시간이 없어.

😀 ➡

😞 ➡

2 목욕하고 싶나요?
목욕할 시간이 없어요.

😀 ➡

😞 ➡

1 Do you feel like getting fresh air? / I don't have time for a walk.
2 Do you feel like taking a bath? / I don't have time for a bath.

074

ROLE PLAY WITH PATTERNS
가능한지 궁금해하고 답하기

> I wonder if you can _____

> I can't seem to _____

(패턴1) **I wonder if you can _____** 당신이 ~할 수 있는지 궁금해요

wonder는 '궁금하다'라는 의미로, I wonder if ~는 '~인지 아닌지 궁금하다'는 말이에요. 따라서 I wonder if you can ~은 '당신이 ~할 수 있는지 궁금하다'라는 표현이 돼요.

(패턴2) **I can't seem to _____** 나는 ~할 수 없을 것 같아요

I seem to ~는 '나는 ~인 것 같다'라는 뜻이에요. 부정문 I can't seem to ~는 '나는 ~할 수 없을 것 같다'라는 표현으로, to 다음에는 동사원형을 써요.

A 패턴과 패턴의 대화를 읽으며 역할극하세요. ⑥

1   당신이 오늘 시작할 수 있는지 궁금해요.
저는 오늘 시작할 수 없을 것 같아요.

I wonder if you can start today.
I can't seem to get started today.

2   호텔을 추천해 줄 수 있는지 궁금해요.
여기서는 어떤 호텔도 추천할 수 없을 것 같아요.

I wonder if you can recommend a hotel.
I can't seem to recommend any hotels here.

⑥ | 1 | 2 | 3 | 4 | 5 | 숙련도 | 20 | 40 | 60 | 80 | 100 | %

B 패턴을 넣어 대화를 완성하고 역할극하세요. ⑥

1 네가 그것들을 이해할 수 있는지 궁금해.
나는 그것들을 이해할 수 없을 것 같아.

☺   understand them.

☹   understand them.

2 당신이 그녀와 연락할 수 있는지 궁금해요.
그녀와 연락할 수 없을 것 같아요.

☺   get in touch with her.

☹   get in touch with her.

3 당신이 저와 계속 연락하며 지낼 수 있는지 궁금해요.
당신과 계속 연락하며 지낼 수 없을 것 같아요.

☺   keep up with me.

☹   keep up with you.

C 주어진 말을 이용하여 대화를 완성하고 역할극하세요.

> give a hand 돕다   help 돕다
> come to ~에 오다   there 거기에   go 가다

1 네가 도와줄 수 있는지 궁금해.
도울 수 없을 것 같아.

☺ ⇒

☹ ⇒

2 당신이 나의 집에 올 수 있는지 궁금해요.
거기 갈 수 없을 것 같아요.

☺ ⇒

☹ ⇒

1 I wonder if you can give a hand. / I can't seem to help.
2 I wonder if you can come to my house. / I can't seem to go there.

303

> It's no wonder _____

> I wouldn't be surprised if _____

[패턴1] **It's no wonder** _____ ~이라는 건 당연해요[놀랄 일이 아니에요]
wonder의 명사 뜻은 '놀라운[경이로운] 일'이에요. It's no wonder (that) ~은 '~이라는 건 당연하다[놀랄 일이 아니다]'라는 표현으로 wonder 뒤의 that은 종종 생략해요.

[패턴2] **I wouldn't be surprised if** _____ ~한다고 해도 놀랍지 않을 거예요
surprised는 '놀란'이라는 뜻이에요. I wouldn't be surprised if ~는 '~이라고 해도 놀랍지 않을 것이다'라는 표현으로 '그럴 만하다, 있을 법한 일이다'라는 뉘앙스예요.

A 패턴과 패턴의 대화를 읽으며 역할극하세요. 🎧

1
그가 피곤한 건 놀랄 일이 아니에요.
그가 병이 든다고 해도 놀랍지 않을 거예요.

It's no wonder he's tired.
I wouldn't be surprised if he gets sick.

2
그녀가 좌절한 것도 당연해.
그녀가 떠난다고 해도 놀랍지 않을 거야.

It's no wonder she's frustrated.
I wouldn't be surprised if she leaves.

B 패턴을 넣어 대화를 완성하고 역할극하세요. ⑥

1
그녀가 화가 난 건 당연해.
그녀가 나에게 소리를 지른다 해도 놀랍지 않을 거야.

ⓖ   she's mad.

ⓣ   she yells at me.

2
그들이 그에게 화가 난 건 당연해요.
그들이 그에게 소송을 건다고 해도 놀랍지 않을 거예요.

ⓖ   they're angry at him.

ⓣ   they sue him.

3
그녀가 만족하지 못한 것도 당연해요.
그녀가 그 결과에 격분한다고 해도 놀랍지 않을 거예요.

ⓖ   she's unsatisfied.

ⓣ   she's furious with the result.

C 주어진 말을 이용하여 대화를 완성하고 역할극하세요.

| exhausted 기진맥진한   collapse 쓰러지다 |
| broke 빈털터리인   penniless 한 푼도 없는 |

1
그가 기진맥진한 건 당연해.
그가 쓰러진다고 해도 놀랍지 않을 거야.

ⓖ ➡

ⓣ ➡

2
그들이 빈털터리인 건 당연해요.
그들이 한 푼도 없다고 해도 놀랍지 않을 거예요.

ⓖ ➡

ⓣ ➡

1 It's no wonder he's exhausted. / I wouldn't be surprised if he collapses.
2 It's no wonder they're broke. / I wouldn't be surprised if they're penniless.

> It's a good chance to _____

> I don't mind _____ing

(패턴1) **It's a good chance to** _____ ~할 좋은 기회예요

chance는 '기회'라는 뜻이에요. It's a good chance to ~는 '~하기에 좋은 기회이다'라는 의미로 to 다음에 동사원형이 와요.

(패턴2) **I don't mind** _____**ing** ~하는 건 괜찮아요[상관없어요]

mind -ing(동명사)는 '~에 신경 쓰다, ~을 꺼리다'라는 뜻이에요. I don't mind -ing는 '~하는 건 상관없다[신경 쓰지 않는다]'는 표현으로 '~해도 괜찮다'라는 의미가 돼요.

A 패턴과 패턴의 대화를 읽으며 역할극하세요. 🎧

1
그를 만날 좋은 기회예요.
그를 만나는 건 괜찮아요.

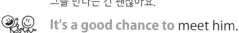

It's a good chance to meet him.
I don't mind meet**ing** him.

2
그들의 문화를 알게 될 좋은 기회예요.
다른 문화를 배우는 건 괜찮아요.

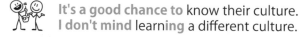

It's a good chance to know their culture.
I don't mind learn**ing** a different culture.

🎧 | 1 | 2 | 3 | 4 | 5 | 숙련도 | 20 | 40 | 60 | 80 | 100 | %

B 패턴을 넣어 대화를 완성하고 역할극하세요. ⑥

1 당신이 알고 있는 것을 공유할 좋은 기회예요.
당신에게 진실을 말하는 건 괜찮아요.

ⓒ   share what you know.

ⓒ   telling you the truth.

2 그들과 함께 시간을 보낼 좋은 기회예요.
그들과 함께 시간을 보내는 건 신경 쓰이지 않아요.

ⓒ   spend time with them.

ⓒ   spending time with them.

3 우리의 계산을 검토해 볼 좋은 기회예요.
그걸 다시 하는 건 상관없어요.

ⓒ   review our calculations.

ⓒ   doing it again.

C 주어진 말을 이용하여 대화를 완성하고 역할극하세요.

> New York 뉴욕   visit 방문하다   go to ~에 가다
> a new product 신제품   show 선보이다   release 공개하다

1 뉴욕을 방문할 좋은 기회야.
뉴욕에 가는 건 괜찮아.

ⓒ ➡

ⓒ ➡

2 신제품을 선보일 좋은 기회예요.
우리 제품을 공개하는 건 괜찮아요.

ⓒ ➡

ⓒ ➡

1 It's a good chance to visit New York. / I don't mind going to New York.
2 It's a good chance to show a new product. / I don't mind releasing our product.

How soon can you _____?

I'm about to _____

(패턴1) **How soon can you _____?** 당신은 얼마나 빨리 ~할 수 있죠?
how soon은 '얼마나 빨리'라는 뜻이에요. How soon can you ~?는 '당신은 얼마나 빨리 ~할 수 있죠?'라는 표현이에요.

(패턴2) **I'm about to _____** 나는 이제 막 ~하려는 참이에요
be about to ~는 '이제 막 ~하려는 참이다'라는 의미의 표현이에요. to 다음에 동사원형이 와요.

A 패턴과 패턴의 대화를 읽으며 역할극하세요. 🎧

1
얼마나 빨리 여기 도착할 수 있나요?
집에서 막 출발하려는 참이에요.

How soon can you get here?
I'm about to leave my house.

2
얼마나 빨리 나에게 그 이메일을 보낼 수 있어?
막 '보내기' 버튼을 누를 참이야.

How soon can you send me the email?
I'm about to click the SEND button.

🎧 1 2 3 4 5 숙련도 20 40 60 80 100 %

B 패턴을 넣어 대화를 완성하고 역할극하세요. ⑧

1 얼마나 빨리 그 파일을 가져올 수 있나요?
당신의 사무실로 가려고 막 택시를 타려는 참이에요.

😊 ＿＿＿＿＿＿＿＿＿ bring the file?

😈 ＿＿＿＿＿＿＿＿ take a cab to your office.

2 얼마나 빨리 돈을 받을 수 있어?
아버지께 막 약간의 돈을 요청하려던 참이야.

😊 ＿＿＿＿＿＿＿＿＿ get the money?

😈 ＿＿＿＿＿＿＿＿ ask my father for some money.

3 얼마나 빨리 제 노트북을 고칠 수 있나요?
그것을 막 마치려던 참이에요.

😊 ＿＿＿＿＿＿＿＿＿ fix my laptop?

😈 ＿＿＿＿＿＿＿ get it done.

C 주어진 말을 이용하여 대화를 완성하고 역할극하세요.

> finish the report 그 보고서를 마무리하다   send ~ to …에게 ~을 보내다
> my[your] order 내[네]가 주문한 것   ship 출하[운송]하다   pack 포장하다

1 얼마나 빨리 그 보고서를 마무리할 수 있죠?
그걸 막 당신에게 그걸 보내려던 참이에요.

😊 ⇒ ＿＿＿＿＿＿＿＿＿＿＿＿＿＿＿＿

😈 ⇒ ＿＿＿＿＿＿＿＿＿＿＿＿＿＿＿＿

2 제가 주문한 걸 얼마나 빨리 출하할 수 있죠?
당신이 주문한 걸 막 포장하려는 참이에요.

😊 ⇒ ＿＿＿＿＿＿＿＿＿＿＿＿＿＿＿＿

😈 ⇒ ＿＿＿＿＿＿＿＿＿＿＿＿＿＿＿＿

1 How soon can you finish the report? / I'm about to send it to you.
2 How soon can you ship my order? / I'm about to pack your order.

I need to _____

There's no time to _____

(패턴1) **I need to** _____ ~해야 해요

need to는 '~하는 것이 필요하다'로, 조동사 must나 have to처럼 '~해야 한다'라는 뜻이에요. to 다음에 동사원형이 와요.

(패턴2) **There's no time to** _____ ~할 시간이 없어요

There's no time은 '시간이 없다'라는 표현이에요. 뒤에 to부정사(to 동사원형)가 이어져서 There's no time to ~라고 하면 '~할 시간이 없다'는 표현이 돼요.

A 패턴과 패턴의 대화를 읽으며 역할극하세요. 🎧

1
저는 돌아가야 해요.
돌아갈 시간이 없어요.

I need to go back.
There's no time to go back.

2
저는 집을 정리해야 해요.
그걸 할 시간이 없어요.

I need to tidy up the house.
There's no time to do that.

🎧 1 2 3 4 5   숙련도 20 40 60 80 100 %

B 패턴을 넣어 대화를 완성하고 역할극하세요. ⑧

1 나는 여행 가방을 싸야 해.
여행 가방을 쌀 시간이 없어.

😮 _____ pack my suitcase.

😔 _____ pack your suitcase.

2 저는 여동생을 차로 태우러 가야 해요.
그녀를 차로 태우러 갈 시간이 없어요.

😮 _____ pick up my sister.

😔 _____ pick her up.

3 저는 그 사무실에 들러야 해요.
거기 들를 시간이 없어요.

😮 _____ drop by the office.

😔 _____ drop by there.

C 주어진 말을 이용하여 대화를 완성하고 역할극하세요.

| some coffee 약간의 커피 | get 사다, 얻다 | buy 사다 |
| get dressed up 옷을 갖춰 입다 | change clothes 옷을 갈아입다 | |

1 나는 커피를 좀 사야 해.
그걸 살 시간이 없어.

😮 ⟹ _____

😔 ⟹ _____

2 나는 옷을 갖춰 입어야 해요.
옷을 갈아입을 시간이 없어요.

😮 ⟹ _____

😔 ⟹ _____

1 I need to get some coffee. / There's no time to buy it.
2 I need to get dressed up. / There's no time to change clothes.

311

> I can't figure out _____
>
> I wish I knew _____

패턴1 **I can't figure out** _____ ~을 알 수 없어요

figure out은 '~을 알아내다[찾아내다]'라는 뜻이에요. I can't figure out ~은 '~을 알수 없다'라는 표현으로 대개 뒤에 의문사절이 이어져요.

패턴2 **I wish I knew** _____ ~을 안다면 좋을 텐데요

wish는 '(가능성이 별로 없는 일을) 바라다'라는 의미로 가정법에 자주 쓰여요. I wish I knew ~는 '내가 ~을 안다면 좋을 텐데'라는 표현으로 사실은 모른다는 것을 나타내요.

A 패턴과 패턴의 대화를 읽으며 역할극하세요. 🔊

1 나는 이걸 어떻게 푸는지 알 수 없어요.
내가 그걸 푸는 방법을 안다면 좋을 텐데요.

I can't figure out how to solve this.
I wish I knew how to solve it.

2 그들이 그것을 어디에서 샀는지 알 수가 없어.
그들이 그것을 어디서 샀는지 안다면 좋을 텐데.

I can't figure out where they bought it.
I wish I knew where they bought it.

🔊 | 1 | 2 | 3 | 4 | 5 | 숙련도 | 20 | 40 | 60 | 80 | 100 | %

1
그녀가 왜 마음이 상했는지 알 수 없어요.
그녀가 왜 마음이 상했는지 안다면 좋을 텐데요.

😌 _____ why she's upset.

😕 _____ why she's upset.

2
그가 여기 어떻게 왔는지 알 수 없어.
그가 여기 어떻게 왔는지 안다면 좋을 텐데 말이야.

😌 _____ how he got here.

😕 _____ how he got here.

3
그가 무엇을 원하는지 알 수 없어요.
그가 원하는 게 무엇인지 안다면 좋을 텐데요.

😌 _____ what he wants.

😕 _____ what he wants.

C 주어진 말을 이용하여 대화를 완성하고 역할극하세요.

> who 누구   have done it 그렇게 했다
> how 어떻게   the device works 그 장치가 작동하다

1
누가 그랬는지 알 수 없어.
누가 그랬는지 안다면 좋을 텐데.

😌 ⇒ _____

😕 ⇒ _____

2
그 장치가 어떻게 작동하는지 알 수 없어요.
그게 어떻게 작동하는지 안다면 좋을 텐데요.

😌 ⇒ _____

😕 ⇒ _____

1 I can't figure out who has done it. / I wish I knew who has done it.
2 I can't figure out how the device works. / I wish I knew how it works.

ROLE PLAY WITH PATTERNS
중독된 것에 자제 권고하기

I'm addicted to _____

Too many _____ will kill you

패턴 1 **I'm addicted to _____** 저는 ~에 중독되었어요
be addicted to는 '~에 중독되다[빠지다]'라는 뜻으로 to 뒤에 중독되었거나 좋아하는
대상을 명사로 써요.

패턴 2 **Too many[much] _____ will kill you** 너무 많은 ~은 당신을 죽일 거예요
Too many ~ will kill you는 '지나친 ~은 너를 죽일 거다' 즉, '과도한 ~은 해롭다'예요.
〈Too many + 셀 수 있는 복수 명사〉, 〈Too much + 셀 수 없는 단수 명사〉로 써요.

A 패턴과 패턴의 대화를 읽으며 역할극하세요. ⑧

1
저는 단것에 중독됐어요.
너무 많은 단것들은 당신을 죽일 거예요.

I'm addicted to sweets.
Too many sweets **will kill you**.

2
나는 쇼핑에 중독됐어요.
너무 많은 쇼핑은 당신에게 해로워요.

I'm addicted to shopping.
Too much shopping **will kill you**.

B 패턴을 넣어 대화를 완성하고 역할극하세요. 🎧

1 저는 유튜브에 중독되었어요.
너무 많은 유튜브는 당신에게 해로워요. (much)

😔 _____ YouTube.

😇 _____ YouTube _____.

2 나는 게임 중독이야.
너무 많은 게임은 너한테 해로워. (many)

😔 _____ games.

😇 _____ games _____.

3 저는 그 숙녀 분에게 중독되었어요.
지나친 사랑은 당신을 죽일 거예요. (much)

😔 _____ the lady.

😇 _____ love _____.

C 주어진 말을 이용하여 대화를 완성하고 역할극하세요.

| comics 만화책들   state-of-the-art technology 최첨단 기술 |

1 나는 만화책에 중독됐어요.
지나친 만화책은 당신을 죽일 거예요.

😔 ⇒

😇 ⇒

2 나는 최첨단 기술에 중독됐어요.
너무 많은 기술은 당신에게 해로워요.

😔 ⇒

😇 ⇒

1 I'm addicted to comics. / Too many comics will kill you.
2 I'm addicted to state-of-the-art technology. / Too much technology will kill you.

1 저는 집을 정리해야 해요. (정리하는 것이 필요해요)
그럴 시간이 없어요.

Ⓐ _____ tidy up the house.

Ⓑ _____ do that.

2 당신이 옷을 입는 방식이 좋아요.
당신도 같은 방식으로 옷을 입는 것 같은데요.

Ⓐ _____ you dress.

Ⓑ _____ you dress _____.

3 점심을 전화로 주문해서 먹고 싶나요? (~할 기분이세요?)
나는 점심을 먹을 시간이 없어요.

Ⓐ _____ calling out for lunch?

Ⓑ _____ lunch.

4 그가 피곤한 건 당연해요.
그가 병이 든다고 해도 놀랍지 않을 거예요.

Ⓐ _____ he's tired.

Ⓑ _____ he gets sick.

정답 **1** I need to / There's no time to **2** I like the way / It seems like, the same way
3 Do you feel like / I don't have time for **4** It's no wonder / I wouldn't be surprised if

5 얼마나 빨리 나에게 그 이메일을 보낼 수 있어?
막 '보내기' 버튼을 누를 참이야.

Ⓐ   send me the email?
Ⓑ   click the SEND button.

6 그들의 문화를 알게 될 좋은 기회예요.
다른 문화를 배우는 건 괜찮아요.

Ⓐ   know their culture.
Ⓑ   learning a different culture.

7 저는 단것에 중독됐어요.
너무 많은 단것들은 당신을 죽일 거예요.

Ⓐ   sweets.
Ⓑ   sweets   .

8 저는 이걸 어떻게 푸는지 알 수 없어요.
제가 그걸 푸는 방법을 안다면 좋을 텐데요.

Ⓐ   how to solve this.
Ⓑ   how to solve it.

정답 **5** How soon can you / I'm about to   **6** It's a good chance to / I don't mind
7 I'm addicted to / Too many, will kill you   **8** I can't figure out / I wish I knew

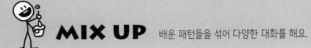

MIX UP 배운 패턴들을 섞어 다양한 대화를 해요.

1 당신의 여동생에 대해 만족하세요? (행복하세요?)
저는 그녀가 사는 방식이 맘에 들어요.

Ⓐ   your sister?

Ⓑ   she lives.

2 그가 여기 있는 게 놀랍지 않네요.
돈을 좀 모금할 수 있는 좋은 기회죠.

Ⓐ   he is here.

Ⓑ   raise some money.

3 당신이 이것에 대해 나를 도와줄 수 있는지 궁금해요.
당신을 돕는 것은 신경 쓰이지 않아요.

Ⓐ   help me with this.

Ⓑ   helping you.

4 저는 이유를 알아낼 수 없어요
제가 당신에게 이유를 막 이야기하려고 하고 있어요.

Ⓐ   why.

Ⓑ   tell you why.

정답 **1** Are you happy with / I like the way   **2** It's no wonder / It's a good chance to
3 I wonder if you can / I don't mind   **4** I can't figure out / I'm about to

5 저는 제 자신이 창피해요.
여기서 나가고 싶은 기분이세요?

Ⓐ _____ about myself.
Ⓑ _____ getting out of here?

6 저는 이것에 대한 시간이 없어요. (이럴 시간이 없어요)
당신이 내게 소리를 지른다고 해도 놀라지 않을 거예요.

Ⓐ _____ this.
Ⓑ _____ if you yell at me.

7 더 잘 알았다면 좋았을 텐데.
후회할 시간이 없어요.

Ⓐ _____ better.
Ⓑ _____ regret.

8 너무 많은 술[알코올]은 당신을 죽일 거예요. (much)
저는 제 자신을 조절할 수 없을 것 같아요.

Ⓐ _____ alcohol _____.
Ⓑ _____ control myself.

정답 **5** I'm embarrassed / Do you feel like **6** I don't have time for / I wouldn't be surprised **7** I wish I knew / There's no time to **8** Too much, will kill you / I can't seem to

319